大人が知らない

ネット
いじめの
真実

渡辺真由子 著

ミネルヴァ書房

はじめに

「ネットいじめ」という言葉が日本のメディアを騒がせ始めたのは、二〇〇七年に入った頃のことである。その二年前の二〇〇五年、当時北米で暮らしていた私は、若者が人間関係をインターネットに依存する傾向を早くも肌で感じた。留学先の大学で年齢を一〇歳近くサバ読みし、二〇歳前後の学生たちと仲良くしていたからだ。

カナダ人やアメリカ人の友人は、私にパソコン上のメッセンジャー（内輪のチャット）に加入するよう促した。そうすることが友情の証と考えているようだった。授業を終えて帰宅しても、チャットで四六時中会話を求めてくる。休日に一人ぶらりと出かけたら、「いまどこにいるの。何をしてるの」と携帯メールが追いかけてくる。

ほとほと疲れたが、いまの若者はネットで常に誰かとつながりたがっている、ということは理解した。そのネットワークから外れれば、友人関係に容易に亀裂が生じるのだろうな、ということも。

日本でネットいじめに火が付いた時期は、他の先進国に比べ決して早かったわけではない。だが、撮影もネットへの接続もできるという日本製携帯電話の高機能が後押しし、瞬く間に世界トップクラスのネットいじめ大国に躍り出た感がある。

私は、いじめの取材を始めて一〇年になる。放送局の記者をしていた九八年、福岡県飯塚市で起きた古賀洵作《しゅんさく》さん（当時一六歳・高校二年生）のいじめ自殺事件が最初だった。事件後、洵作さんの両親の心身が変化していく様を間近で見てきた。母親は体重が激減し、夜眠るための薬の量は年々増えている。父親は仕事ができる精神状態ではなくなり、家にこもるように。時間が経てば経つほど、息子の不在を思い知らされる。成長する姿をイメージできないという、新たな苦しみも出てきた。「時が解決する」というのは嘘だと、はっきりわかる。

加害者は軽い冗談のつもりで行なったいじめが、被害者とその家族の人生をめちゃくちゃにする。いじめはそれほどに罪深い行為でありながら、年々抑止されるどころか、「ネットいじめ」という新たな形態にまで拡大してしまったのは何故なのか。この国が長年の間、従来のいじめに見て見ぬふりをし、根本的な対策を怠ってきたツケではないか。文部科学省が、いじめ自殺の件数について七年間ゼロと虚偽の報告をしたり、いじめの定義を現実とは掛け離れた内容にとどめたりしていたのは一例だ。子どもたちをネットいじめで苦しめる前に、打てる手があったのではないかと思えてならない。

本書は、ネットいじめの被害に悩む中高生や、いじめと自殺サイトにより命を絶った子どもの遺族、情報モラル教育を模索する現場の教師たちの声に耳を傾けながら、ネットいじめの実態と問題点を浮き彫りにする。そして、いじめ事件の取材を続ける立場から新たな対応策を提言すると共に、いじめの傍観者、被害者、加害者へメッセージを伝えたい。ネットいじめの真実を求める大人と、いじめに関わる全ての子どもに、届くことを願う。

大人が知らない　ネットいじめの真実

目　次

第1章　ネットをめぐる子どもの現実

1　子どもとネットとの関わり

ケータイ先進国の日本

「二〇〇二年に来日したとき、カメラ付き携帯電話というものを初めて見たんだ。たまげたよ。アメリカでは当時、誰もそんなの持っていなかったからね」

こう語るのは、ハリウッドの映画俳優、ウィル・スミス。アメリカのセレブリティをも驚かせるほど、日本の携帯電話は世界の最先端を突き進んでいる。二〇〇〇年に登場したカメラ機能はいまや標準装備、インターネットに接続でき、音楽が聞けテレビが見られ、財布代わりとしても使える。まさに日本の高度ＩＴ技術を、これでもかと詰め込んだ品だ。国内の携帯電話契約数は、二〇〇八年三月末時点で一億二七二万四五〇〇件。一人一台の時代に近づきつつある。それだけに私たち国民は、世界レベルで見ても、携帯電話の功罪を最も理解しておくべき立場にいる。携帯電話の特徴、特に子どもへの影響については今後この本で述べていくが、まずは携帯電話が普及した過程を振り返ってみよう。

経済産業省によると、携帯電話のサービスが日本で始まったのは一九八七年。当時の電話機は約七五〇グラムと手にズシリと重く、形もゴツい代物だ。月額料金が二万三〇〇〇円もしたため、一部の富裕層がステータスとして持つだけであった。

その後電話機の小型化・軽量化が進み、九四年には端末がそれまでのレンタル制から売り切り制に変わった。これに伴い、複数の電話会社が市場に参入して通話料金も下がった。一般の人にも携帯電話の利用が広がり始めたのは、この頃からである。とはいえ、私が学生時代を過ごした九〇年代半ばは、若者はより利用料金の安い「ポケベル（ポケットベル）」を使う人の方が多かった。数字の語呂合わせでメッセージを送りあう携帯通信機器で、特に女子高生の間で人気を博したコミュニケーション・ツールだ。高校生でも持てるポケベルと、高級感漂う携帯電話。男友達がどちらを持っているかで、一緒に遊ぶかどうかを決めたものだ。九六年に私はオーストラリアへ留学したが、そこでは携帯電話はおろか、ポケベルも普及しておらず、日本の先行ぶりに驚いたのを覚えている。

さて九七年に日本へ戻ると、一般の学生も、それまで愛用していたポケベルに代わり、ようやく手が届く価格帯となった携帯電話を持ち始めていた。携帯を使うのが「ちょっとオシャレ」とされ、たいした用事でもないのにわざわざ携帯で通話する若者の姿が目立った。折しもキャラクター育成ゲーム「たまごっち」が一大ブームとなり、バーチャルな世界で生き物の命が「リセットできるもの」として扱われることが、議論を呼んだ時代である。

この頃から、携帯電話利用者のマナーについても、決まりごとが作られた。車の運転中や飛行機に乗るときは電源を切る、図書館や映画館では着信音をマナーモードにしておく、といったものだ。とりわけ常識と化しているのは、「公共の乗り物内では通話をしない」ルールだろう。このルールがいつの間にか定められていたのを知ったときは、腑に落ちなかったものだ。優先席付近で電源を切るのは当然としても、乗り物での移動中に急用の通話ができなければ、何のために電話を「携帯」しているのか。通話する声がうるさいというのが理由のようだが、乗り物内での大声のおしゃべりと何が違うというのか。かくして、音に非常に敏感であるという文化的背景から、日本の携帯電話は通話の代わりにメールができる機能を急速に発達させた。凝った絵文字が使え、画像も添付できるようになった。電車に乗り込んだ途端、乗客がみんな黙々とメールを打ち始める光景は、いまでは珍しくも何ともない。

ところが、二〇〇五年からカナダとアメリカで暮らすようになった私は、海外と日本の携帯電話事情の違いに再び驚いたのである。もちろん北米の人々にも携帯電話は広く普及しており、ビジネスや友人間のコミュニケーションに欠かせない。しかし、彼女ら・彼らは公共の乗り物内でも、平然と通話をするのである。日本ほど静寂さが重視されない文化に加え、携帯のメール機能が充実していないのが理由だ。安い端末だと、絵文字の使用や画像の添付はできない。そもそもカメラ機能も標準装備されていない。携帯メールも日本のようにパソコンへ送ることはできず、携帯電話間のやり取りに限られる。何より、インターネットへの接続は高額なオプション扱いなので、携帯でのネット利用は一般的でない。

こうして見ると、携帯電話で画像を送りあったり、ウェブサイトに書き込みをしたりといった行為が昨今の日本で広がっているのは、日本製携帯ならではの高度な機能が可能にした、特有の現象といえよう。特に、インターネットへ手軽に接続できることから、様々なトラブルも増えている。だが、このインターネットもここまで日常に浸透するとは、ほんの一〇年ちょっと前まではほとんどの人が想像していなかったのではないか。私たちはいま、インターネットを当たり前のように使っているが、そもそもこれは、どのような特質を持つ技術なのだろう。

インターネット旋風

インターネットが、もともとは何を目的にこの世に誕生したかをご存知だろうか。インターネットの前身となる技術が開発されたのは一九六九年。アメリカ国防総省の手によるものである。従来の国防用電話網は、テロなどで破壊されれば情報伝達が不可能になる。このため国防総省は、軍事攻撃にも耐えうる戦時用通信ネットワークとして、インターネットを構築したのだ。つまりインターネットとは本来、「闘い」や「攻撃」を有利にするための性能を有する。この点には留意しておきたい。

一九九〇年代初頭までのインターネットは、写真やイラストは見られない、文字のみのパソコン通信だ。一般利用者は「フォーラム」と呼ばれる電子掲示板を眺めたり、メールを送ったりする程度だった。九五年にWindows95が発売され、日本でも本格的にインターネットを利用する人が出てきた。日本におけるインターネット普及率はこの頃一割に満たなかったが、ネット関連サービスが急速に発展するのに伴って上昇し、二〇〇六年には約七割にまで達している（総務省、二〇〇七年）。

インターネットの整備は、人々が世界中の情報をボタン操作ひとつで入手し、かつ自らも情報の発信源となることを可能にした。見知らぬ者同士が相互に情報をやり取りすることもできるようになった。このインターネットの特性にいち早く目を付けたのが企業である。二〇〇一年の時点ですでに七割の企業がホームページを開設し、その数は〇六年には九割近くに上る。何しろホームページを使えば、パンフレットの印刷代も郵送代もかかることなく、不特定多数に企業情報をPRできるのだ。「ホームページを活用して儲ける」ことをテーマにした書籍も相次ぎ発売された。

ネット上にて無料で入手できる情報というのは、大半が何かの宣伝だと思って間違いない。企業のサイトはもちろんのこと、芸能人の公式ホームページ、街のグルメガイド、ポータルサイトがお薦めする春の新作家電情報、などなど。一般の人同士の情報交換用掲示板にすら、企業が素姓を偽り、自社製品を褒めたたえるコメントを書き込む場合がある。インターネットの出現でこれだけ情報が氾濫するようになっても、本当に有用な情報というのは、お金を出さないと手に入らないのだ。

さて、一般の人にインターネットの登場が与えた最大の影響としては、電子メールの利用が挙げられるだろう。調査によると、インターネットの使い道は「メールの送受信」が最も多い（日本経済新聞、二〇〇七年）。携帯電話が通話よりもメール送受信のために使われているのは前述の通りだが、パソコン上のメールも多用されている。相手の都合によらず送れる便利さから、ビジネスでも友人間の連絡でも、電話ではなくメールを基本とすることが当たり前になった。私も、初めて会う予定の人と待ち合わせ日時などをメールでやり取りし、当日会うまで一度も電話で話さなかった、というケースが増えてきた。ある高名な作家は、出版社からの執筆依頼が最近はメールでくるのが普通らしく、「たまにいきなり電話してこられると、失礼なヤツだと思ってしまう」と述べている。文字のみのコミュニケーションの場合、対面のそれよりも距離感が保てるため、ビジネスの場ではよりフォーマルな印象を与えるのだろう。しかし、友人間でやり取りする短い文章の携帯メールの場合は、誤解を招いたりトラブルにつながったりすることも少なくない。これについては後ほど詳述する。

それにしても、電話が主流のコミュニケーション手段だった一〇年ほど前までは、「最近は手紙を書く人が少なくなった」と年配の方が嘆いていたものだ。ところがメールの普及により、実はみんな文章を書く行為には抵抗がないらしい、とわかったのは興味深い。さらに二〇〇三年には、日記型の簡易ホームページである「ブログ」のサービスが始まり、いまや日本人の一〇人に一人が開設している（日本経済新聞、二〇〇八年）。諸外国から「大人しい」とのレッテルを貼られがちな日本人が、これほど自己表現をするのが好きだったとは驚きである。

このようにインターネットが楽しんで使われる一方、悪用されるケースも増えている。インターネットには、掲示板やメールで情報をやり取りできる「相互性」に加え、「匿名性」という特徴がある。ハンドルネーム（ネット向けのニックネーム）を使えば、自分の名前や住所を明らかにする必要なく、書き込みをしたり、サイトを開設したりすることができるのだ。このためインターネットは、どす黒い欲望を露呈する場ともなっている。

ネット上の違法・有害サイトなどの情報を受け付ける警察庁の委託機関「インターネット・ホット

ラインセンター」によると、二〇〇七年中に寄せられた通報は、実に約八万五〇〇〇件。年々増加傾向にある。このうち、法律に抵触する違法情報は約一万二八〇〇件。ポルノ画像などのわいせつ物公然陳列が最多を占め、口座などの売買、携帯電話の違法譲渡などが続く。また、公序良俗に反する有害情報は三六〇〇件。一緒に死ぬことを呼びかける「自殺サイト」や、犯罪仲間を募ったり殺人の請け負いを約束したりする「闇サイト」などが中心だ。これらのサイトを通して出会った見知らぬ者同士が、実際に集団自殺をしたり、強盗や殺人を犯したりする例も相次いでいる。二〇〇七年八月には、「闇サイト」で知り合った男三人が女性を拉致し、金を奪って殺害する事件が名古屋市で発生。犯罪願望を抱く者同士をインターネットが容易に結び付けたケースとして、社会を震撼させた。

さらに、ネットなどの情報技術を利用した「サイバー犯罪」も急増している。全国の警察が二〇〇七年に検挙したサイバー犯罪は五四七三件で、過去五年間で約三倍に跳ね上がった（警察庁、二〇〇八年）。ネットオークションで商品代金をだまし取るなどの詐欺や、漫画雑誌の作品を勝手にダウンロードできるようにするなどの著作権法違反、といった罪名が目立つ。

インターネットが普及を始めた頃は、パソコンが高額なこともあり、利用者は大人が主だった。ネット絡みの様々なトラブルも、大人の間で起きていたものである。だが一九九九年にインターネット接続が可能な携帯電話が登場し、しかもそれを子どもが所持するようになって、状況は一変した。

いまや子どもの暮らしも、ネット抜きでは語れなくなりつつある。いよいよ次項から、子どもを取り囲むインターネット環境を検証していこう。

ネット社会に巻き込まれた子どもたち

いまのところ、インターネットに接続するための主な端末は二つ。パソコンと携帯電話だ。このうちパソコンは、家庭への普及率が二〇〇五年の時点で八割に達している。現代の子どもたちは、自宅にパソコンがあるのが当たり前の状況で育っているということだ。もちろん、インターネットに触れる機会も多い。内閣府の「情報化社会と青少年に関する意識調査」(二〇〇七年)によると、パソコンでインターネットを利用する子どもの割合は、小学生で五八・三%と早くも半数以上、中学生で六八・七%、高校生で七四・五%に達する。その利用時間はというと、小学生が五〇分弱、中学生になると一時間を超え、高校生では約七〇分だ。

とはいえ家庭では、パソコンを居間に置いて家族で共有するなど、親の目が届きやすい。小学校低学年の子どもがインターネットを使うときは、隣に座ってチェックするという親もいる。子どもも親の目を気にしてか、自宅パソコンはもっぱら宿題の調べものや通信教育など、「真面目」な目的で利用しているようだ。

しかし、学校の課題レポートを書く際にネット上の情報のみに頼る子どもが増え、専門書を調べて考える力が身に付かない、といった問題も出てきている。最近多いのは、オンライン百科事典「ウィキペディア」の引用だ。百科事典と銘打っているとはいえ、専門家に限らず誰でも記事を書き込むことができるため、ウィキペディアの情報は必ずしも正確ではない。それにも関わらず、子どもたちは宿題の調べもので、このサイトを丸写ししているのだ。都内のある高校のクラスでは、特定の課題に関するレポートで、ほとんどの生徒が全く同じことを書いてきたという。不審に思った教師が調べると、やはりウィキペディアからの引用だった。受験生がウィキペディアの記事を丸暗記し、その情報が誤りだったために試験で不正解となった事例も起きている。

また、自宅では親の目が届きやすいといっても、親が外出してしまえば子どもはパソコンを使い放題だ。裕福な家庭では、子どもに専用のパソコンを与えている場合もある。それを子どもが自分の部屋にこもって使えば、親はチェックのしようがない。

二〇〇八年の二月、千葉県内の小学四年生の女児（一〇歳）が、インターネットのサイトに「埼玉の小学生を殺します」と書き込んだとして児童相談所に通告された。この殺人予告のため、埼玉県内の小学校では、児童を集団下校させるなどの影響が出た。女児は自分の部屋に所有するパソコンから書き込み、「いたずらで面白半分にやった」と話しているという。インターネットは、親が知らないところで、わずか一〇歳の子どもが世間を騒がせることをも可能にしたのである。

私がカナダでホームステイしたときには、その家の中学生の姉妹が、親が外出した隙を見て自宅パソコンでチャットをしていた。チャットとは、同じ時間にそのサイトへ接続している複数の人々が、文字で会話をする仕組みだ。最近はパソコンに小型マイクやカメラを取り付けることができるため、声でやり取りする「ボイスチャット」や、お互いの顔の映像を見ながら話す「動画チャット」というのもある。かの姉妹がやっていたのはボイスチャット。異性との出会いを求める、いわゆる「出会い系サイト」のチャットルームで中年男性と性的な会話をし、興奮していた。帰ってきた親は、自分の娘がそんなことをしていたとは夢にも思わない。自宅にパソコンを置いている場合でも、インターネットを通して子どもが誰とつながっているのか、カメラの前で下着姿をさらしていないかなど、親は常に気にかけておく必要がある。

一方、インターネットに接続できるもうひとつの端末、携帯電話を持つ子どもも増え続け、低年齢化が進んでいる。内閣府の「情報化社会と青少年に関する意識調査」(二〇〇七年)のまとめでは、子どもの携帯電話の使用率は小学生が三一・三%、中学生が五七・六%と半数を超え、高校生ともなると九六%と、ほぼ全員が使っている。この数字は、二〇〇一年に実施された同調査に比べ、大幅に増加した。さらに、一三歳から一九歳の場合、インターネットの接続にはパソコンより携帯電話を利用する者の方が多い（総務省、二〇〇七年）。

この状況は、日本独自のものだ。日米中韓の比較調査によると、日本の高校生の携帯所有率（九六・五%）は、韓国（八六・一%）、アメリカ（七九・六%）、中国（六三・四%）を抑えトップ。一方で自分専用のパソコンを持つのは二一%どまりで、アメリカが六〇・七%、中国と韓国も四〇%を超える中、最下位だった（日本青少年研究所、二〇〇八年）。日本の高校生にとって携帯は必需品だけれども、パソコンはそうでもない。日本製携帯電話は飛び抜けて高機能なだけに、子どもたちはそれ一台で全てを済ませることができるのだ。

なぜ、これほどまでに子どもに携帯電話が普及したのだろうか。未成年者は、親の同意がなければ携帯電話を契約することはできない。つまり親自身が、「子どもに携帯を持たせる必要がある」と考えていると推察される。

通学路や公園、塾の帰り道に子どもが誘拐されたり、暴行を受けたりする事件が近年目立つようになった。我が子が外にいるときも常に連絡を取れるようにしたい、と親が望むのは無理もない。「防犯のため」という動機で、親は子どもに携帯電話を与えるようになったのだ。小学生が携帯電話を持つきっかけは「親から持つように言われた」が、「親に『ほしい』と言って買ってもらった」を上回るという調査結果（キッズgooリサーチ、二〇〇七年）からも、親の強い意向が伺える。

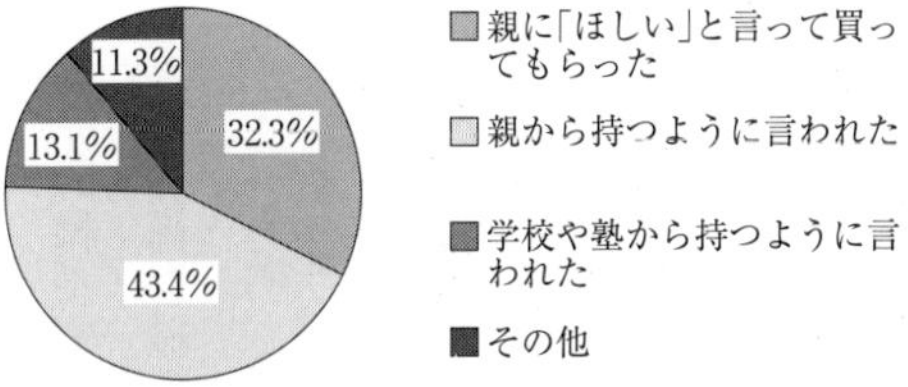

図１　携帯電話を持ち始めた一番のきっかけ

注：回答者数406人
出所：キッズgooリサーチ（2007年）

そんな親の不安感を、いち早く察したのが携帯電話各社である。二〇〇六年には、子ども向けに防犯機能を強調した携帯電話を相次ぎ発売した。防犯ブザーや、居場所がわかる「ＧＰＳ」機能を搭載しているのが特徴だ。デザイナーに著名なアートディレクターを起用するなど、子ども用とは思えない、洗練された外見の端末も出てきている。

こういってしまえば身もフタもないが、携帯電話会社が子ども向け携帯の開発に力を入れる背景には、大きなビジネスチャンスがある。ほとんどの大人に携帯電話が普及したいま、市場は飽和状態だ。だが子ども、特に携帯電話の使用率がまだ三割にとどまっている小学生の市場は、いまが狙い目なのである。幼い頃から特定の電話会社の携帯を使ってもらえば、そのブランドに対する親しみを植え付けることができる。携帯電話が生活の必需品となった子どもは成長するにつれ、インターネット接続による音楽や漫画のダウンロードなど、高額サービスを頻用する可能性も大きい。まさに「未来のお得意さま」なのだ。

確かに、子どもといつでも連絡を取れる携帯電話は、便利ではある。

しかし一方で、「携帯を持たせたから」と親が安心し、子どもを一人で危険な場所へ行かせてしまうことも考えられる。万が一子どもが事件に巻き込まれたとき、犯人から携帯電話を取り上げられたり、捨てられたり壊されたりすれば、防犯ブザーやＧＰＳ機能がどこまで役立つのか心もとない。

しかも携帯電話は、インターネットにつなげ、メールができ、ゲームができ、音楽が聞け漫画を読め、写真や動画の撮影までできてしまう、とんでもなく魅力的な「おもちゃ」なのである。これをポンと与えられたら、子どもはどうするだろうか。自らを律し、他人に迷惑をかけないよう配慮しながら使えるのだろうか。

実際、携帯電話を手に入れたことで、子どもたちの人間関係は大きく変わりつつある。親がせっかく安全のためにと持たせたつもりの携帯が、逆に子どもを危険な目にさらしているという、皮肉な事態が起きているのだ。

2　ネットでつながる子どもの人間関係

メールで眠れない子どもたち

朝目が覚めたら、枕元に置いておいた携帯電話に手をのばす。寝ていた間にメールが届いていないかをチェック。身支度して家を出るときには友だちに「おはようメール」を打つ。授業中は制服のポケットに携帯をしのばせ、メールがきたら机の下でこっそり返信する。帰宅しても、友だちとメールで「おしゃべり」。やり取りは「おやすみメール」を打つまで続く――。

子どもの一日は、メール漬けといっても過言ではない。日本青少年研究所の国際比較調査（二〇〇五年）によると、一日四時間以上も友だちとメールのやり取りをする日本の高校生は、三〇・七％に上る。アメリカの一〇・五％、中国の三・五％と比べると、日本の高校生の突出ぶりが伺える。一日に数十通、多い子どもは一〇〇通以上のメールを発信しているのだ。私など携帯メールを打つのは親指が疲れるので、書く内容は一回につき二行程度に収めているが、子どもたちは平気で長々とした文章を打つ。親指を使い過ぎて、腫れたり炎症を起こしたりする事例もあるというから、穏やかでない。

一九九九年に始まった携帯メールのサービスは、子どもの人間関係に大きな変化をもたらした。いつでもどこでも、誰かとつながっておくことを可能にしたのである。従来は、学校が終わって家に帰ったら、宿題をしたり風呂に入ったりする「自分の時間」を持つことができた。ところが携帯メールは、子どもから自分の時間を奪ってしまった。

「自分の時間を一方的に邪魔される。特に勉強しているときに届くメールは邪魔」

携帯メールを利用するデメリットについて、愛知県尾北地区の中学・高校で二〇〇七年に行なわれた調査で、生徒たちはこう答えている。
自宅で勉強をしていても友だちから次々メールがくる。仮に一通への返信に二分かかるとすると、三〇通に返信するには一時間を割くことになる。これでは宿題に集中できるはずもない。中学生男子、高校生女子の約二割は、携帯電話を利用するようになって学習時間が減ったことを認めている（内閣府、二〇〇七年）。

これでは例えば、仲の良い友人に学校の成績で負けるのが嫌なので、その子に放課後何十回とメールを送り付けて勉強をさせないようにする、という使い方も可能ではないか。

「風呂に入るときは、さすがに携帯電話を手放すだろう」と思われるかもしれない。だが最近の子どもたちは、風呂場にも携帯を持ち込んでいる。防水性の携帯電話が発売されたからだ。「水濡れを気にせず携帯を楽しんで欲しい」と携帯電話各社は主張しているが、そこまで携帯を肌身離さず持たせる必要があるのだろうか。この防水性能、子ども向け携帯電話にもシッカリ付いているのである。子どもが風呂場でもメールに夢中になることは、想像に難くなかっただろうに。湯につかりながらもメールのために頭を使い、指を動かしていては、リラックスなどできない。

さらに寝る時間になっても、相変わらずメールが届くので、ベッドに入るのがどんどん遅くなる。友だちに対して、「もう寝る」とはなかなか言い出しにくいものだ。愛知県のある公立中学校が実施したアンケート（二〇〇七年）によると「眠いのに、いつまでもメールが途絶えず困る」と訴える生徒は、携帯電話所持者の二割に上る。思春期の友人関係は非常にもろいものであるだけに、その維持には大変な気を使うのだ。携帯メールの登場で、帰宅後も友人に配慮し続けねばならなくなった日常は、子どもたちをグッタリ疲れさせている。

このようにメールの多用で常につながっておくことが当たり前になると、友人関係のあり方も様変わりした。以前は、教室で仲良しグループができ上がるのは気が合うとか席が近いからとかいうのが理由で、一緒に行動することで結束を強めていった。だがいまは、携帯メールのアドレスを教えあうところから友人関係が始まり、誰とどれだけ頻繁にメールをやり取りするかで仲良しグループが決まる。放課後など、塾などでお互い忙しく一緒に行動できなくても、メールでつながってさえいれば立派に友人関係は保たれる。

友情維持をメールに依存するぶん、子どもたちはその送受信をめぐる細かいことに過敏になってしまった。「五分ルール」というのをご存知だろうか。メールの返信は五分以内に行なうのがマナー、という子ども同士の決まりごとだ。友だちからのメールに五分を過ぎても返信しないと「失礼なヤツ」と見なされ、仲間はずれにされてしまう。だから子どもは、勉強中でも入浴中でも、送られてきたメールにせっせと返事を打つのだ。面倒なことに、携帯電話は固定電話と違い「居留守」を使うことはできない。従来の家庭の電話機であれば、着信音が鳴っても電話に出たくないなら、受話器を取らなければ良かった。しかし携帯電話の場合、メールにしろ通話にしろ、着信ありの記録がバッチリ残ってしまう。発信者の名前やメールアドレスも表示される。「気が付かなかった」と放置しておくことは許されないのである。逆に相手に対して何か気に入らないことがある場合は、わざとメールを無視して、自分が怒っていることを示す。

メールというのは本来、相手の都合が良いときに読んでもらえばいい「緊急でない連絡」をするための手段だが、子どもはそんなふうには割り切れない。子ども時代は、友だち付き合いが生活の全てだからだ。裏を返せば、メール返信の早い遅いで簡単に仲良しグループが作られたり壊されたりするくらい、いまの子どもの友人関係は浅いものになっている。そんな理由で嫌われたりしない、と思えるほどの自信もないようだ。

もっとも、自分が携帯メールに振り回されている、というのは子どもも自覚しているらしい。ある塾では、夏期講習の自習室に通う生徒が例年になく多かった。生徒に理由を聞いてみると、何と「携帯メールから逃れるため」だという。自宅では、友だちから次々届くメールの返信に追われて勉強が手に付かない。だが塾にいれば、携帯の電源を切っておかなければいけないため、返信できない言い訳が立つのだ。携帯電話を与えられたことによって、子どもはここまで追い込まれてしまった。

メールがコミュニケーションの中心手段となれば、対面でのコミュニケーション能力が育ちにくいことは容易に想像できる。人の印象を決めるのは話の内容よりも、声のトーンや表情、しぐさといった非言語的表現であるとされる。携帯の小さなスクリーンに浮かび上がる文字だけを頼りに意思疎通を図るようでは、誤解を招きかねない。絵文字を駆使しても限界があろう。

何より怖いのは、自分のメッセージを読んだ瞬間の相手の顔を見られないことだ。対面コミュニケーションでは、相手の表情をうかがいながら言葉のやり取りをするが、メールでは自分の言葉に相手は笑っているのか、怒っているのかがわからない。これでは、相手の感情に配慮しながら話す術が身に付かない。また、自らが声やしぐさで表現する力も育たないだろう。

だが、このようなメールの特徴を逆手に取って、人間関係を「円滑」にするために利用する子どももいる。実際には、うわべだけの関係を促進することにつながっているのだが。

メールで本心を隠す――ナツミ・高校二年生

ナツミ（仮名・一六歳）は、神奈川県内の公立高校に通う二年生。高校に入学したのを機に、携帯電話を持ち始めた。友だちとの連絡では、本当に大事な話があるときは電話するが、それ以外はもっぱらメール。相手の都合が悪いときでも、後で見てもらえるからだ。

自分の表情がバレないのもいい。届いたメールの内容がつまらなくても、返信の文面に（笑）や笑顔の絵文字を付ければ、面白そうに思っているフリができる。

「メールって便利。声が届かないぶん、相手に与える印象をこっちが操作できちゃう部分もあるから」

一方、子どもたちは文字によるコミュニケーションを、携帯メール以外の領域へも広げている。「プロフ」である。

プライバシーのばらまき

携帯メールの内容は一人対一人、多くても対数人の間でやり取りされる情報だ。だがインターネット上のサイトに情報を書き込んだ途端、それは世界中のネット使用者の目にさらされることとなる。そんな、いわば「公共の場」であるインターネットに、子どもたちは自分の非常に私的な情報を書き込むことで、新しい形のコミュニケーションを楽しんでいるのだ。同時に、これまでは考えられなかった問題も浮上している。

子どもたちがコミュニケーションの場として利用する代表的なサイトといえば、「プロフ」だ。日記型の簡易ホームページである「ブログ」も、一〇代の三人に一人が利用しているとされるが、プロフの利用者はそれよりずっと多い。何しろ、携帯電話から手軽に利用できるのだ。一体どんなサイトなのか、覗いてみよう。

「プロフ」とは、プロフィールを記入するホームページの略称だ。サイト上でお互いに自己紹介をすることで、友だちを増やしていくことが本来の目的である。業者が提供するフォーマットを利用すれば、無料で簡単に自分のプロフページを作成することが可能だ。もともと携帯電話からアクセスできるように作られたサービスとあって、二〇〇五年頃から子どもたちの間で広がり始めた。人気は加速し、いまや日本の女子高生の半数近く、首都圏では実に七割以上の女子高生が自分のプロフページを所有しているという（読売新聞、二〇〇七年）。最近では、小中学生や男子生徒の利用も珍しくない。子どもたちは、自分のプロフページを見せ合ったり、初対面の相手にページのURLを知らせて、名刺代わりに使ったりしている。

自己紹介の項目には、どんなものがあるのだろう。名前（ハンドルネーム）や趣味、血液型などのオーソドックスな情報はもちろん、似ている芸能人、前世、握力など、実に細々とした質問項目が用意されている。その数、何と数十から百項目。明らかに子どもの利用者をターゲットにしていながら、業者による質問項目には「タバコ」「体のスリーサイズ」といった、不適切なものも散見する。

それだけではない。プロフには自分の住所やよく使う路線、生年月日、学校名、部活にメールアドレスまで記入する欄があるのだ。これだけ個人情報を表に出せば、誰が書いたか特定できてしまう。「あいまいな記述にしておけばいい」と思われるかもしれない。しかし子どもたちは、これらの質問にご丁寧にも詳細な回答を書き込んでしまうのだ。住所は番地まで。通っている学校の名称、学年、クラス番号も。名前は本名を書く子どももいる。例えハンドルネームで登録していても、ゲストブック（他の人がコメントを書き込める掲示板）で友人から本名をバラされる場合がある。本名と生年月日というのは、通信販売などのサービスを利用する際に本人確認のため使われる情報なので、他人に悪用されれば詐欺などに巻き込まれる危険がある。

さらに、プロフには写真が掲載できる。これまた、素顔がはっきりわかる写真を載せた子どもが結構いる。ほとんどは携帯電話のカメラで撮ったものだ。しかも、友だちの写真を勝手に載せることもよくある。

写真の無断掲載は当たり前――サヤカ・中学三年生

「友だちの写真の掲載は許可取るのがマナーだとは思うんだけど、そうしないのが常識になってる」と打ち明けるのは、東京都郊外の私立中学校に通うサヤカ（仮名・一四歳）。周りの子は、友だちの写真も勝手に自分のプロフに載せている。ある子は、友だちと撮ったプリクラを、自分の名前と友だちの名前付きでプロフに掲載していた。
「それを見たときは、この人常識ないなー、と思った。でも、そういうのが当たり前になっちゃってる。いちいち許可取るのは面倒くさいから」

彼女ら・彼らが写真や個人情報を抵抗なく露出するのは、周りの友だちや同年代の子にしか見られていないと思い込んでいるからだろう。ところが実際は、全く面識のない私がこうして見ているように、日本全国、世界中の誰もが、子どもの個人情報を入手することができるのだ。

詳細に記入されたプロフを眺めていると、書いた当人に妙に親近感を抱きつつある自分に気づく。日記も書き込めるプロフでは、その子が日々どんな暮らしを送っているのか、何に悩んでいるのかなどが手に取るようにわかるからだ。顔写真が可愛ければ、なおさら良い。これでは、第三者がプロフで好みの子どもを見つけて勝手に好意を持ち、そこに書かれた個人情報を手がかりにストーカー行為に及ぶとしても、不思議ではないだろう。現に、プロフを見た人からストーカーをされる被害は多発している。

そして、性犯罪につながる恐れがある情報もプロフにはひしめいている。注目を集めようと、自分の半裸写真を載せたもの。もちろん携帯カメラで撮影するのだ。自分の携帯カメラなら親にバレないし、現像に出す必要もないので、何だって撮れる。自己紹介項目には「エッチ大好き」などと書き込み、思春期の性的好奇心全開である。他にも「下着売ります」と宣伝するもの。「援助交際してくれる人、連絡ください」とメールアドレスを載せたもの。「援助します。女子小・中・高生限定」など、大人が書き込むプロフもある。プロフは一部の子どもにとって、売買春の取引をする場になってしまっているのだ。一八歳未満の児童が援助交際を誘うことも、大人が児童に援助交際を求めることも、れっきとした違法行為である。だがプロフを運営する業者は、これらの書き込みを野放しにしているようだ。中には「麻薬売ります」というページまである。一四、一五歳の少女二人が奄美大島へ売られた事件（二〇〇七年）では、少女たちはプロフを通して犯人の男を紹介されたという。

最近では、個人のプロフを無断で転載するホームページやブログまで登場した。あるブログでは、女の子たちのプロフを「セクシーなプロフ」「はらませたいプロフ」などのカテゴリーに分け、顔写真と共に紹介している。それらがまた他のサイトに転載され、子どもの個人情報は、本人の知らないところで限りなく広められていくのだ。

ところで、子どもたちがプロフに、必ずといっていいほど記述する言葉がある。「絡んで」というものだ。「誰か絡んでぇ」「絡め！素通り禁止」「絡もーよ」などなど。実は「絡む」とは、お互いのゲストブックにコメントを書き込みあうことを意味する。相手の自己紹介の内容に対して、感想を述べるのだ（私もこのミュージシャン好きです、とか）。プロフに絡んでもらうために、子どもたちは一〇〇個近くもある自己紹介項目に律儀に回答する。過激な写真を載せるのも、多くの人に自分のプロフを読んで欲しいからだ。テレビCMが、視聴者の気をひくために女性の水着姿を登場させるのと同じである。ある大手プロフサイトには、自分のプロフを宣伝できる掲示板があり、二〇秒に一件程度のスピードで子どもたちによるプロフの宣伝コメントが書き込まれる。どれもが「絡んで！」と叫んでいる。

プロフを作るたびに知らせてくる友だち――ヨウコ・中学二年生

都内の私立中学二年生のヨウコ（仮名・一四歳）。自分はプロフを持っていないが、周りの子は大半が持っている。友だちはもちろん、たいして仲良くない子からも、「プロフ作ったよ。見てね」とのメールが一斉配信で届く。自己紹介や日記の内容を更新するたびに「新しくしたよ」とまたメールがくる。

「わざわざ知らせてくれなくてもいいのに、とは思う。こっちも義理で、その子たちのプロフにコメント書き込まなきゃいけないから大変だし」

子どもたちは、構って欲しいのだ。自分を理解してもらい、声をかけて欲しいのだ。実生活の、メールのやり取り中心に構築された友人関係では、親密な結び付きへの欲求が満たされないのだろう。誰かが自分を気にかけてくれている、と実感できることもない。プロフもまたバーチャルな世界でありながら、見知らぬ人に向けて自分をわかってもらおうと尽力する子どもたちの姿には、悲壮感すら漂う。

「有害サイト」の誘い

私のもとには一日に二百数十通のメールが届く。そのうち二〇〇通以上が、いわゆる「迷惑メール」だ。何とか関心を引こうと、過激な件名が付けられている。「一度Hな気分になると収まりが付かなくなるんです」「メチャクチャにされると感じます」「週末は主人が留守なので、お会いしたいです」などなど。件名と差出人を見れば迷惑メールだとわかるので、開封せずにすぐ削除する。だが、このような迷惑メールは、受信者に大人と子どもの区別なく、無差別に送り付けられている。性に興味がある年頃の子どもたちには、件名だけでも刺激的なはずだ。「女性は乱暴されると喜ぶ」「専業主婦にはみんな不倫願望がある」などと、誤った思い込みをしかねない。

迷惑メールのほとんどは出会い系サイトへのリンクを張り、「私の恥ずかしい写真見てください↓」といったコメントを添え、リンクをクリックするよう誘導している。子どもが好奇心から、それらのサイトを見てしまうことは充分考えられる。実際、中学二年生と高校二年生の女子生徒の約八％は出会い系サイトにアクセスしたことがあり、うち三割は迷惑メールを受け取ったのがきっかけという（警察庁、二〇〇七年）。

出会い系サイトとは本来、異性と出会いたい男女が掲示板へ書き込み、メールをやり取りして交流を深める場である。だが現状は、援助交際を求めたり、性交渉のためだけの相手を探したりする目的で利用されているものが大半だ。「円しない？（円＝援助交際）」、「一八—二〇歳。五でサポ希望（五万円でサポート＝援助希望）」といった書き込みが溢れている。児童の記述と見受けられるものも多い。隠語を駆使しているのは、警察などによる検索をすり抜けるためだろう。一度書き込めばすぐに数十通もの返信がくるほど、利用者は多い。

警察庁によると、出会い系サイトは二〇〇七年現在で約五〇〇〇サイト存在する。当然、トラブル

表1　被害者の出会い系サイトへのアクセス手段

		2004年	2005年	2006年	2007年
被害者数		1,289	1,267	1,387	1,297
	携帯電話	1,239(96.1%)	1,216(96.0%)	1,339(96.5%)	1,256(96.8%)
	パソコン	50(3.9%)	51(4.0%)	48(3.5%)	41(3.2%)
うち児童		1,085	1,061	1,153	1,100
	携帯電話	1,046(96.4%)	1,023(96.4%)	1,114(96.6%)	1,062(96.5%)
	パソコン	39(3.6%)	38(3.6%)	39(3.4%)	38(3.5%)

出所：警察庁（2007年）をもとに作成

が多発している。二〇〇七年に出会い系サイト絡みで摘発された事件は一七五三件。その八割近くは、児童買春・児童ポルノ禁止法違反など、児童が性的被害を受けたものだ。被害者のほとんどは、一八歳未満の少女である。「出会い系サイトで知り合った相手にホテルでわいせつな行為をされ、さらに覚せい剤を注射された」「身代金目的で誘拐され、監禁された」「裸の写真を送らないと個人情報をばらす、と脅された」などといった事件が続発している。小学生が被害にあったケースもある。被害児童のほぼ全員が、出会い系サイトへのアクセスに携帯電話を使用していた。

児童を性行為に誘ったり、児童側が誘ったりすることは出会い系サイト規制法で禁じられている。しかし、これに違反した書き込みは一一二二件に上る。うち半分は、少女らの側が売春などを持ちかける書き込みをして摘発されたケースで、前年の三倍に増えた。

自分からそんなところに書き込むなんて、と彼女たちを責めるのは簡単だ。だが、考えてもみて欲しい。児童に危害を加えるのは、大人なのである。神奈川県の場合、出会い系サイトに関する事件の加害者は、九五％以上が成人男性だ。うち約半数が二〇代で、三〇代、四〇代以上の男性もそれぞれ約二割を占める（神奈川県警、二〇〇七年）。子どもを戒め指導すべき大人が、子どもの軽率さにつけ込んで悪事を働いている。出会い系サイト犯罪の予防というと、子どもへの教育・啓発ばかりに目が向けられがちだが、大人の方がよっぽど教育が必要に違いない。

なお警察庁は今後、出会い系サイトの利用者の年齢確認を厳しくし、サイト事業者を届出制にした上で、一八歳未満の書き込みは削除するよう義務付ける方針という。だが、出会い系サイトへの規制を厳しくしても、援交目的の利用者たちはプロフへ流れることが懸念される。

インターネット社会は、子どもたちが「有害」な人間関係を結ぶことをたやすくしてしまった。有害サイトは他にも、詐欺サイトやアダルトサイトなどがあるが、特に子どもの心身に影響を与えるものとしてもうひとつ、「自殺サイト」に注目したい。

自殺サイトとは、自殺願望を持つ者同士が交流するウェブサイトである。「自殺掲示板」で検索すれば一一五万件もがヒットする。自殺サイトを通じて自殺の「手助け」を依頼してきた女性を、睡眠導入剤を飲ませるなどして殺害したとして男が逮捕された事件（二〇〇七年）は、世間に衝撃を与えた。インターネットを介して一度も顔を合わせないままメールをやり取りし、簡単に自殺へと至る事件が近年相次いでいる。典型的なのは、自殺サイトで連絡を取り合った複数の人間が、車内で練炭をたくなどして集団自殺をする例だ。二〇〇三年頃から目立ち始めた。

注意すべきは、ネット社会ならではといえるこの問題に、子どもたちも巻き込まれていることである。二〇〇五年二月、栃木県で中学二年の女子生徒を含む三人が、車内で練炭自殺しているのが見つかった。女子生徒の遺書には「私は死にます。仲間はパソコンの掲示板で探しました」などと書かれていたという。また同年八月には、神戸市の男子中学生ら三人を相次ぎ殺害したとして、大阪府の人材派遣会社社員の男（当時三六歳）が逮捕された。男は自殺サイトに書き込んだ男子中学生を、メールで「一緒に練炭自殺しよう」などと誘い出した。しかし自分は自殺する気はなく、「人の苦しむ姿を見ると興奮する」という自らの性癖に基づく欲望を満たすために、男子生徒を窒息死させたのだ。命ごいする生徒を失神させ、目覚めさせてまた窒息させることを繰り返すなど、残虐なやり方だった。同様の手口で他にも二人殺害し、死刑が確定している。

自殺サイトは、このように子どもの集団自殺を引き起こすだけでなく、個人での自殺を後押しする面もある。なぜなら自殺サイトには、楽に自殺するための情報や、死をそそのかす言葉が盛りだくさんだからだ。ある自殺サイトの掲示板を見てみよう。「苦しまないで死ねる方法を教えてください」との質問に対して、練炭自殺に代わる新しい自殺方法の紹介や、あらゆる死に方に関するメリットとデメリットの細かい比較解説が書き込まれている。読んでいるだけで気が滅入る。最近は、市販のトイレ用洗剤などを混ぜて有毒の硫化水素ガスを発生させる手法を、商品名と共に紹介する書き込みが目に付く。案の定、この手口による自殺が全国で相次ぐようになった。

向精神薬リタリンの販売や「何でも屋。恨み晴らします」といった宣伝など、自殺願望に便乗して金を巻き上げようとする記述も、あちこちの自殺サイトで見られる。

リストカットの掲示板に怖くなった――ヒロシ・高校一年生

埼玉県内の公立高校一年のヒロシ（仮名・一五歳）は、友人からリストカット（手首を切る行為）をしていると打ち明けられた。何とか友人の力になりたくて、ヒロシはインターネットでリストカットについて調べてみた。そして、自傷行為をする人たちが集うホームページを見つけた。「死にたい」「死にたい」ということばかりが書いてある。自分の手首の傷を見せる写真も載っている。グロテスクで、気持ち悪くなった。友人を助けられるかなと思っていたが、無理だなと諦めた。

「だって客観的に見て異常なんだよね。いまから死にますって書いたり。でもその人は死ぬわけじゃなくて、また同じ書き込みしたり。『死んでないじゃん』って思って。死ぬっていう言葉が軽々しく使われているのが嫌だ」

インターネットは楽しいものと思っていたヒロシだが、そういうサイトに入ると怖い、と感じる。


思春期は、自分の外見や友人関係、成績、家族との関係についてなど、多くの悩みを抱えがちだ。「死にたい」とまで思い詰めることがあっても不思議ではない。そんなときに自殺サイトの書き込みを読めば、自殺への罪悪感や恐怖心が薄れ、思わず実行してしまいかねない。

しかも自殺サイトには、死ぬことをあおるような書きこみも多い。「生きるのが辛い」という悩みに対しては「じゃあさっさと死ねよ」。「手首を切ったけど死に切れなかった」とのコメントには「次は手首を切り落とす勢いで！」。

例え本当に自殺する気はなくても、苦しい、死にたいという思いを掲示板上にぶつけることで、誰かに相談にのってもらえたり、悩みを客観視できたりするものだ。ところがこのように自殺をそそのかされては、ますます心が傷付き、「意地」で死ぬこともあるのではないか。さらに集団自殺の誘いに乗ってしまった場合は、仲間がいるだけに、直前に自分の気が変わったとしても引き返しにくい。

窒息させようとする犯人に命ごいをした、あの男子中学生のように。

一方、自殺願望者を思いとどまらせようとするサイトも出てきている。自殺仲間を募集したり個人の連絡先を書き込んだりすることは禁止し、真剣に悩み相談を受け付ける場だ。自分の抱える悩みを吐き出し、誰かに聞いてもらうことで気持ちの整理をしてもらおうとの趣旨だ。「いのちの電話」など、専門的な相談機関の連絡先も紹介されている。

また二〇〇五年から、プロバイダー（インターネット接続業者）が自殺を予告する書き込みを見つけた場合、警察へ発信者情報を通報する取り組みが始まった。通報件数は二〇〇六年に七九人、二〇〇七年に一二一人と、増加傾向にある。二〇〇七年には、実際に自殺を図った九人を含む七二人が、警察に保護された。いじめが原因と見られる自殺予告もあったという。ただ、当事者がインターネットカフェを利用して書き込んだ場合は、個人を特定できない。ネット上の悲痛な訴えを漏らさず、どうすくい取っていくのかは今後の課題だ。

メール、プロフ、出会い系サイトに自殺サイト。インターネット環境に囲まれて育つ子どもたちは、大人が経験したことのない、全く新しい人間関係に身を投じている。その中で、いまの子どもたちを最も苦しめているもの――それが、「ネット上のいじめ」だ。

3　ネットいじめ、増殖中

「いじめ」が変わった

一九九八年、街中が華やかな喧騒に包まれるクリスマスから一夜明けた一二月二六日。福岡県飯塚市の高校二年生、古賀洵作《しゅんさく》さんは自宅で首を吊り、自らの命を絶った。一六歳だった。

前日の夜、洵作さんのクラスメートなど同級生六人が居酒屋に集まっていた。ビールやチューハイを酌み交わしながらのクリスマスパーティー。公務員の子どもの姿もある。その席で彼らは携帯電話を取り出し、洵作さんの携帯番号を押した。

「おい古賀。俺たちのパーティーに女を連れてこい」

洵作さんは

「いや、家から出られん」

と断って電話を切った。だが四分後に再びかかってきた。

「お前、俺たちはもう飲みよんぞ。女を呼ばんと知らんぞ。探しとけ、いいか」

六人は、洵作さんが連れてくる女の子とセックスをする気でいた。洵作さんの携帯電話は執拗に鳴り続ける。

「どげんなったか」

「いま探しようけど、無理かもしれん」

上ずった声で答える洵作さん。

「呼べんやったら飲み代全部払えよ。六人で六〇万円たい。お前の家に取りに行くぞ。学校で会ったら、くらす（殴る）ぞ」

分刻みの恐喝電話は、一晩で七一回に上った。翌日午後、姿が見えない洵作さんを探して、父・秀樹さん（当時四八歳）が子ども部屋に足を踏み入れる。目に飛び込んできたのは、変わり果てた息子だった。

当時、放送局記者としてこの事件を取材した私は、それまでのいじめ事件では見聞きしたことのない手口に、衝撃を受けた。九八年といえば、まだ携帯電話にメール機能も付いておらず、子どもが携帯を持つことは珍しかった時期である。一家に一台の固定電話しかなかった頃は、子どもにかかってくる電話はまず親が取っていた。悪い人物からの電話であろうものなら、親が一喝して追い払うこともできた。よって従来のいじめで、子どもが電話で何十回も脅される、というケースはまずなかった。

ところがこの事件では、洵作さんも加害少年も携帯電話を所有していたことから、「親のブロック」が働かなかったのである。親の目が届かないところで、六人が洵作さんと直接つながることを可能にした。

あの日。朝、いつになく暗い顔で登校をしぶる息子を

「何いってるの。早く行きなさい」

と母・和子さん（当時四八歳）は送り出した。洵作さんが前の晩、携帯電話で行なったやり取りなど知る由もない。重い足取りで歩いてゆく丸まった背中が、いまも和子さんの脳裏に焼き付いている。なぜ見抜けなかったのか。そしてなぜ一〇年前、携帯電話を与えてしまったのか。悔やんでも悔やみきれない。

バス釣りが趣味だった洵作さんは、夢中になると膝まで沼にはまることがあった。仕事で家を空けがちだった和子さんは、万が一のときの連絡用に、息子に携帯を持たせることにした。

「携帯電話をねだられたわけではないのに、私にとって便利だからと、持たせてしまいました。危険が潜んでいるなんて思いもしなかった。携帯の安全な使い方について、もっとお互いに話し合うべきでした」

いじめの認知件数は、二〇〇六年度に一二万四八九八件に上り、前年度の六倍以上に急増した。調査を行なった文部科学省が、いじめの定義を変更したことが主な理由である。二〇〇五年度調査まで

のいじめの定義は、「自分より弱い者に一方的攻撃を継続的に加え、相手が深刻な苦痛を感じているもの」だ。「一方的」「継続的」「深刻な」の三要件をひとつでも満たさない場合、実質的にはいじめなのに、いじめと判断されないケースがあった。このような実態にそぐわない定義を杓子定規に長年運用してきた文部科学省職員は、子ども時代にいじめられた経験がなく人の痛みによっぽど鈍感なのか、もしくは故意に鈍感なふりをしているのではないかと疑いたくもなる。

和子さんは、文部科学省がいじめの被害者を「弱い者」と決め付けることに納得がいかなかった。洵作さんは身長一七三センチのがっちりした体型で、柔道が得意。だが、売られたケンカを買うことはなかった。「言葉があるじゃん」といつもいっていた。

和子さんは訴える。

「世間の人は、いじめられる子の方が弱いと思っている。本当は逆なのに。いじめる子が弱くて、いじめられる子は我慢強いのに」

二〇〇六年度の調査から、いじめの定義は「一定の人間関係のある者から、心理的・物理的攻撃を受け、精神的な苦痛を感じているもの」と改められた。これに伴い、ないがしろにされてきた子どもたちの苦しみの声が、一気に表へと噴出したのである。

また新調査では、いじめの内容を尋ねる項目に、「インターネットや携帯電話でのひぼう中傷」も初めて加えられた。洵作さんの事件を始めとする携帯電話、さらにはネットを使ったいじめが続発する中、文部科学省もようやく実態把握に乗り出したのだ。

だが、この項目に当てはまるとされたいじめは約五〇〇〇件で、いじめ全体の三・九％に過ぎない。これではとても、ネットいじめの現状を反映しているとはいえない。

大阪市教育委員会は二〇〇七年一二月から二〇〇八年一月にかけ、市内の全市立中学・高校を対象にネットいじめに関する調査を行なった。それによると、ネットいじめを受けた経験がある生徒は、七一五三人に上ることが明らかになった。大阪市のこの数字だけでも、文部科学省が把握した被害件数を超える。全国を見渡せば、どれだけの数の子どもたちが被害に苦しんでいることだろう。

ネットいじめは、大人には見えないところで、増殖しているのだ。

ネットいじめの手口――学校裏サイト・プロフ

インターネットは、子どもの人間関係にトラブルを引き起こし得る。このことを最初に知らしめたのは、長崎女児殺害事件だろう。

二〇〇四年六月、長崎県佐世保市の小学校で、当時六年生の女児がクラスメートの女児をカッターナイフで殺害した。加害女児は以前から友人や親との関係で悩みを抱えており、そこへきて自分のホームページに被害女児から中傷を書き込まれたことが、犯行の引き金になったとされる。

地方の小学生ですらパソコンを日常的に操り、ホームページを作成していること。ネット上のやり取りが、殺意を抱かせるほどに感情をゆさぶること。この事件は、子ども間のトラブルの形が大きく変わりつつある現実を、社会に突き付けた。

二〇〇六年には、山梨県の高校二年生の女子生徒が精神安定剤を大量に飲み、自殺を図った。自分が開設したブログに、「(学校を) やめればいいじゃん」などの中傷が大量に書き込まれたのが原因だった。傷付けあう子どもたちの数は、増え続けている。

「高校一年の〇〇 (実名) はヤリマンでブス」「あいつマジきもいよねー。不登校になってくれて嬉しいわあ」「〇〇 (実名) ぶっ潰す」

これらは、「学校裏サイト」と呼ばれる掲示板に書かれている内容だ。学校裏サイトとは、各学校の公式サイトとは別に、在校生や卒業生が管理者となって勝手に立ち上げた掲示板だ。レンタル掲示板を使えば、無料で簡単に作成できる。二〇〇五年ごろから目立ち始めた。

文部科学省が二〇〇八年、全国の中学校と高校を対象に実施した調査では、三万八〇〇〇件以上の学校裏サイトが確認された。民間団体の推計では、三〇万件以上が存在するともいわれる。日本の中学・高校が計約一万六〇〇〇校であることを考えると、一校につき複数の裏サイトが乱立している計算だ。

これらは携帯電話の専用サイト内に立ち上げられることが多いが、パソコンからの閲覧・書き込みができるサイトもある。学校裏サイトは本来、宿題や部活動の情報交換が目的だ。しかし、そのような情報に紛れて、特定の生徒の実名を挙げた誹謗中傷の書き込みが相次いでいるのだ。文部科学省の調査では、誹謗中傷の書き込みが五割、性器の俗称などわいせつな言葉は約四割、「死ね」「殺す」などの暴力表現が約三割のサイトで見つかった。

「この学校で一番性格悪い奴らが集まっている部活は?」と誰かが書き込めば、「バスケ部」「サッカー部」などとすぐに他の生徒が反応する。さらに「バスケ部のキャプテンの○○（実名）が一番ウザい」と、個人攻撃につながっていく。実名をさらされた上に、携帯電話の番号やメールアドレスなどの個人情報が勝手に書き込まれるケースもある。被害を受けた子どもの携帯電話には、一日数百通もの迷惑・中傷メールが届くようになる。

学校裏サイトに実名が書き込まれれば、同級生や部活の仲間など、校内のみんなの目に触れてしまう。自分がいじめに遭っていることを多くの人に知られるのは、自尊感情が芽生える思春期の子どもにとって非常に屈辱的だ。人にどう見られるかが最も気になる時期でもあり、心理的なダメージは図り知れない。

しかも、特定の子どもを集団でネットいじめの標的にすることによって、「みんなでやれば怖くない」と、加害者側の罪の意識は薄れていく。滋賀県教育委員会が県内の小学五年生から高校二年生までを対象にした調査で、ネットいじめをした経験のある五人に一人が「他の人もしていたから」と答えている。

「こいつはネット上でいじめられているんだから、学校でもいじめて構わないだろう」と、実生活での集団いじめにつながる可能性もあるだろう。

また以前は、小学校でいじめられていた子どもが、中学校に上がったら新たな環境で、一から人間関係を作り直すことも可能だった。だがネットに中傷の書き込みの記録が残ってしまうと、その子は「いじめられっ子」のレッテルをいつまでもはがせず、人生のリセットができなくなる。

中学三年のある女子生徒は、「自分の名前が裏サイトに書かれていないか、毎日不安で眠れない」と訴える。私たち大人だって、もし自分の職場に裏サイトがあれば、精神的に参ってしまうだろう。

学校裏サイトには、学校名を冠しなかったり、友人の間でだけ共有するパスワードをかけたりすることで、親や教師に見つからないよう工夫されたものもある。自分の悪口が書かれていると知っても見つけられず、心配のあまり一般の情報交換掲示板で「○○高校の裏サイトを探しています。知っていたら至急教えてください」と尋ねる子どももいる。

とはいえ、全ての学校裏サイトが、いじめを野放しにしているわけではない。愛知県内の中学校の裏サイトでは一時期、特定の女子生徒に対して「ウザい、死ね」などという誹謗中傷が集中した。だが、当の女子生徒が「いいたいことあるなら直接メールして。こういうところでいうの止めてもらえる?」と毅然とした態度でコメント。さらに他の生徒たちも「やめなよ、こそこそ陰口いうなんてセコイ」と次々と書き込み、ほどなく彼女への中傷はおさまった。一連のやり取りを追った私の目には、子どもたちの間に自浄作用が働く様子が頼もしく映った。

一方、

「小学生の方、下着撮影でおこづかい稼ぎませんか?」

「この出会い系サイトに登録したら一〇〇〇円差し上げます」

といった、業者によるものと思われる書き込みも学校裏サイトに散見する。子どもばかりが多く集まる場所だけに、彼女ら・彼らの好奇心を大人が利用する落とし穴も、待ち構えているのだ。

また、前述の「プロフ」も、いじめの温床になっている。

素顔や性器の写真を掲載し、「セフレ(セックスフレンド)募集中」「エッチな人　絡んで」などのわいせつなコメントを書き込み、さらにメールアドレスも載せているプロフはたくさん存在する。だが、それらが全て本人の手で作成されたものかは、疑わしい。

「なりすまし」といういじめが、横行しているからだ。いじめたい相手の本名でプロフのページを作り、携帯カメラで撮影したその子の写真を掲載し、「私とヤリたい人は連絡してね」といったコメントと共に、携帯電話の番号や住所を書き込むのが典型。勝手にプロフを作成された本人の携帯に、ひっきりなしに電話がかかってきたり、不審者が自宅の周辺を徘徊したりした例も報告されている。

この手のいじめは、仲良しグループの間で発生することが多い。仲が良かったときに教えた個人情報や、送った顔写真などが、人間関係にひびが入った途端に悪用されるのだ。特に女の子は、クラスの中で孤立しないためにグループを作る。携帯メールのアドレスなどを教え合うのは、グループに入れてもらうための基本だ。だが、ひとたび教えてしまえば、いじめに使われる可能性を覚悟しなければならない。

一方で、全く関係ない他人のプロフに、無差別に誹謗中傷を書き込む行為も相次ぐ。

でっちあげプロフに嫌がらせが殺到――エミ・高校一年生

「プロフ作っている子って、中傷されてない子がいないんですよね」と衝撃の発言をするのは、神奈川県内の私立高校一年のエミ（仮名・一六歳）。最近、冷やかしのつもりで実在しない女の子のプロフを作ってみた。名前は適当なフルネームを付けて本名っぽく見せ、趣味はコスプレ、お姫様ごっこがいまだに好きな一六歳、などと自己紹介。「とにかくいじって（絡んで）下さい」とコメントを書き込んでおいた。

するとプロフを作成してからわずか一時間に、二〇通以上ものメールが殺到した。どれも「死ね」「ぶりっ子野郎」などと中傷する内容。エミは悟ったようにいう。

「悪口を書き込む側は本当にバカ。こんなプロフに騙されちゃってさ。嫌がらせをする相手は誰でもいいし何でもいいんだな、とわかった」

なお、「なりすまし」いじめも、女の子の間だけで行なわれるわけではない。大手プロフサイトで、ある男子高校生のページを見つけた。上半身の服を脱がされ、他人の手で顔を押さえ付けられてカメラに向かされている写真。「ボクって小さいんだ。笑わないでね」「全裸での自慰が大好き」などの書き込みが並ぶ。本名に加え、高校名と学年、組番号が掲載されている。さらに「セフレ募集」のコメントの下に携帯番号。他人に無理やり作成されたとしか思えない。写真の中で男の子の笑顔は、ひきつっていた。

プロフに書かれた内容が原因で、暴行事件に発展するケースも相次ぐ。二〇〇七年一二月、プロフに悪口を書かれたことに腹を立て、クラスメートの男子中学生二人に暴行を加えたとして、東京都の中学二年の女子生徒ら九人が逮捕された。被害者を全裸にして暴行し、たばこの火を押し付けるなどした疑いだ。二〇〇八年四月には、千葉県で中学三年の男子生徒が、一七歳の無職の少年に金属バットで殴られ、頭の骨を折る意識不明の重体となる事件があった。二人はプロフを通して知り合い直接の面識はなく、加害少年は「プロフで『半殺しにしてやる』と書き込まれた。生意気だからやった」と供述した。

いずれの事件も、何もそこまで、と思われるほど加害者は激しい暴行をしている。文字だけで悪口を書かれると相手の表情も声もわからず、怒りの感情が高ぶりやすいのだろう。見知らぬ者が相手の場合は、お互いの性格もよく理解していないだけに、なおさらだ。

携帯メールによるいじめ

ネットいじめには、携帯メールも多用される。

誰かの悪口を書いたメールに、「このメールを今日中に一〇人に転送しないと不幸が起こる」と添えて、周りの人に送り付ける。「不幸の手紙」のメール版で、「チェーンメール」と呼ばれるものだ。「転送しないとあなたのメールアドレスが発覚する」などと脅す内容もあり、受け取った子どもは不安に駆られ、いわれた通りに転送する。すると、その悪口は一日で数百人に広がってしまうのだ。「募金の案内」や「幸せになれるおまじない」など、一見チェーンメールとはわからない内容の場合も多いので、注意が必要である。

巧妙なチェーンメールが流行――ナオキ・中学一年生

千葉県郊外の公立中学一年のナオキ（仮名・一三歳）の周りでは、入学と同時に携帯電話を買ってもらった友だちが多い。ナオキもその一人だ。携帯の所有率が高くなるのに合わせ、チェーンメールが出回るようになった。

「このメールを○○人に回さないと、あなたは死ぬ」などと書いてあると、生々しくて怖くなる。「あなたの家に誰かが侵入する」「誰かが後ろから付けてくる」というメールを受け取ったときは、本当に怯えた。だが、転送はしない。

「チェーンメールが届いたら、『こわ〜』と思うけど、回さない。相手に迷惑だから。無視するようにしてる」

ちなみに、チェーンメールを転送しないからといって、自分のメールアドレスや名前が他人にばれることはない。もし受け取ったら、速やかに削除するのが一番だ。どうしても心配なときは、チェーンメールの転送を受け付けるサイトもある（巻末に「相談連絡先一覧」を掲載）。

先の「なりすまし」も、メールでも行なわれる。他人のメールアドレスを勝手に使ってその子になりすまし、第三者に中傷メールや、「好きです」と勝手に告白するメールを送るのだ。なりすまされた子どもは、第三者からいわれのない誤解を受け、それが原因でいじめられる場合もある。被害者にとっては、自分の知らないところで自分が悪者にされてしまうのだから、たまったものではない。

中傷メールは、陰で飛び交うだけではない。本人の目の前で、悪口が書かれた携帯メールがやり取りされることもある。

授業中に、ある生徒が発言したとしよう。その瞬間、近くに座っていた別の生徒が机の下で携帯を操作し、「いまのアイツの発言、KY（空気が読めない）だよな」とクラス中に一斉送信。受け取った生徒たちはすかさず「ウザいよね」「無視しようぜ」などと送り合う。授業が終わり、休み時間に入る頃には、発言者は新たないじめのターゲットに仕立て上げられているのだ。知らぬは本人ばかりなり、である。

「場の空気が読めない人」を指す「KY」は、二〇〇七年の流行語大賞にもノミネートされるほど、市民権を得た表現だ。子どもたちは、仲間内で「変」と見なされる言動を取らないよう、その場の流れを汲み取ることに神経をすり減らしている。子どもの頃からこんなことに気を使っていては、個性など育たないだろう。ＫＹの流行は、「出る杭を打つ」日本の風潮が、より強まっていることの表れと懸念される。

目の前でメールをやり取りされる不気味さは、体験してみないとピンとこないかもしれない。私は先日新幹線に乗ったとき、三〇代とおぼしき男性と隣り合わせになった。別段、会話を交わすわけでもない。しばらくすると男性は携帯電話を取り出し、黙々とメールを打つ仕草をしながら、こちらをチラチラとうかがっている。不審に思い、隙を見て携帯画面に目をやると

「僕はいま新幹線に乗っています。隣の席は女性です。顔は、女優の○○に似ています」

と書かれているではないか。

肩が触れ合うほどの距離にいるその男性は、私に直接、話しかけてはこない。自分のすぐ隣で、気づかないうちに自分の情報がやり取りされている。ゾッとした。

「愛の告白」をメールでやらせる、というじめも登場した。一種の罰ゲームとして、流行しているという。思春期の子どもにとって異性への好意というのは、まだ慣れなくて気恥ずかしいような、でも大切な感情だ。それだけに、好きでもない相手に愛の告白をさせるという行為は、もはや罰ゲー

ムの範疇を超えている。告白する側はもちろん、告白を受ける側にとっても、苦痛が大きい。

告白メールで傷付いた――アヤコ・中学二年生

都内の私立中学校に通うアヤコ（仮名・一四歳）の携帯に、突然クラスの男子から「好きです。付き合ってください」とメールが届いた。以前からその男子に好意を持っていたアヤコは舞い上がった。次の日、早速彼に話しかけてみる。ところが「あれは仲間内の罰ゲームでやったことだから。好きとか付き合いたいとかの気持ちはない」というではないか。

「私は本当に彼のことが好きで、その気になっていたのに。気持ちをもてあそばれたみたいで、すごくショック」

いじめの動画を掲載

さらに最近増えているのが、動画を使ったいじめだ。インターネット上には、動画共有サイトというものがある。アメリカ発の「ユーチューブ」と、日本オリジナルの「ニコニコ動画」が代表的だ。無料で動画を閲覧したり、投稿したりできるサービスを提供している。携帯電話からの利用にも対応しているので、子どもたちの間で一気に広まった。ニコニコ動画の場合、ユーザーは五〇〇万人以上にのぼる。これらのサイトに、いじめの様子を撮影した動画が投稿されているのだ。

二〇〇六年一一月、札幌市の高校一年生の男子生徒がいじめを受けている動画が「ユーチューブ」に掲載された。教室で男子生徒がこづかれたり、制服にいたずらされたりする場面を、いじめに加わっていた生徒が携帯電話で撮影し、投稿したものだ。ネットいじめの新たな形として、マスコミに大きく報じられた。

続く二〇〇七年六月には、さいたま市の私立高校の男子生徒がいじめられている動画が、ネット上に流出していることが発覚した。集団に囲まれて殴られ、蹴られる男子生徒の様子が、音声付きで再生される。学校側はサイトの管理者に削除を求めたが、時すでに遅し。その動画を見た人たちが、他の多くのサイトに転載してしまっていたからだ。これがネットの恐ろしいところである。他人に見せたくない画像も、一度掲載されればどんどんコピーされ、広まっていく。

実際さいたま市のいじめ動画は、事件から半年以上が経つ現在も、ネット上で見ることが可能だ。加害生徒たちがはやし立てる大声、嫌がる被害者の姿の生々しさに、目を背けたくなる。これを携帯で撮影し、投稿した加害生徒は「軽い気持ちでやった」と話しているという。明らかな人権侵害であるのに、その認識がなかったらしい。

自分がいじめられている動画が、膨大な数の人の目に触れる。マスコミにも取り上げられたことで、さらに多くの見知らぬ人々が自分の動画を見つけ出そうとしている。被害者は、一連の経緯をどんな思いで見つめていただろう。

ネットいじめは、その手軽さから内容が過激になりがちだ。そして、子どもたちに罪の意識を呼び起こすこともない。

人間関係に疲弊する子どもたち

ここで、子どもたちが身を置く学校という名の「社会」に、目を転じてみよう。この社会における「同僚」、つまり友人との人間関係を円滑にすることは、子どもにとって生き延びるための最重要課題である。大人同士の関係よりよっぽど大変だ。あなたも自分の子ども時代を振り返れば、思い当たるのではないだろうか。

子どもの頃は友人、それも同性の友人との付き合いが生活の全てだ。まだ本格的な恋愛も始めていないこの時期、学校での友人関係に関心は集中する。大人であれば、同性の友人との関係がうまくいかなければ異性の友人、もしくは仕事や趣味上の友人と、付き合う相手の選択肢に幅がある。だが一日の大半を学校で過ごす子どもの場合、そこでの人間関係に支障が生じることは即、毎日の生活が重苦しくなることを意味するのである。

そもそも学校という社会は、孤立した子どもに、非常に肩身が狭い思いをさせる仕組みになっている。まず、新学期の席替えや班決め。「友だち同士でくっ付いていいぞ」という教師は残酷だ。友だちがいなければ、自分だけ取り残されてしまう。しかも、自分に友だちがいないということが、クラス中にばれてしまう。

昼休み。弁当を食べるときは、仲がいい者同士で机をくっ付けあう。その教室で自分だけ一人ぼっちで食べるのであれば、恥ずかしさと惨めさで、弁当を味わっている場合ではないだろう。大人になると、一人で喫茶店やレストランに入るのはどうってことないが（むしろそんな自分をクールでカッコいいと思うが）、人目が気になる子どもにとっては耐え難い行為だ。

教室の移動。学校では、音楽や美術などの科目で、特別教室に移動しなければならない機会が多い。このときも、子どもたちは複数で行動する。仲良しの二、三人で、「かったりぃ～」などとしゃべりながら連れ立って歩くのがお決まりだ。孤立している子は、移動教室での授業があるたびに、足取りが重くなる。

文化祭や体育祭も然り。いじめられている子や、友だちがいない子にとっては苦痛でしかない。一緒に行動する相手も、笑いあう相手もいないのだから。

とにかく学校は、子どもたちを何かとグループ単位で動かそうとする社会なのだ。だからこそ、子どもは仲良しグループの結成に血眼になり、その維持に神経をすり減らすのだ。「女の子はすぐに群れたがる」などと大人はいう。しかし、一人で行動しても居心地の悪さを感じずに済む仕組み作りを学校側が工夫すれば、状況は変わるだろう。協調性が育たないという懸念はあるかもしれないが、「孤立したくない」という理由だけでくっ付く関係にも、協調性は期待できまい。

ここで述べてきた子どもたちの人間関係の大変さは、昔から普遍的にあるものだ。ただ、いまの子どもたちは仲良しグループを作った上で、そのグループ内でいじめを行なう傾向がある。メンバーを一人ずつ順番にいじめのターゲットにすることで、結束を強めていくのだ。もともと友情の維持をメールに依存する彼女ら・彼らだけに、表面的な人間関係しか結べていないのだろう。「いつ自分がターゲットになるかと、毎日ビクビクしながら暮らしている」と、ある女子中学生は打ち明ける。

グループ内の誰かをいじめて結束を保つ――ノリエ・中学二年生

ノリエ（仮名・一四歳）は、東京都内の公立中学校に通う二年生。クラスの女子はいくつかの仲良しグループに分かれ、ノリエもそのひとつに所属している。グループ内では、いつもメンバーの誰かをいじめている。みんなでメールを回してその子の悪口をいったり、人と違うところを批判したり。

ノリエは本当はそんなこと止めたい。だが以前、別のメンバーの子が「もう、いじめるの嫌だから」といったら、「もうアンタは友だちじゃない」と仲間はずれにされてしまった。だから、怖くて言い出せない。「あの子いやだよね」といわれて、「うん」と答えることで、仲間とつながっている。

「私たちってコミュニケーションの取り方が下手なんだよね。グループの一人をいじめてないと、結束力がない。みんなと同じ服装をしたり流行を知ってたりしなきゃいけないし、プロフだってみんなが持ってたら自分も持ってないと、仲間入りできない。そういう下手な結束力があるから、いけないいんだと思う」

4　ネットいじめの特徴

薄れる抵抗感

ネットいじめには、従来のいじめにはなかったいくつかの特徴がある。

インターネットや携帯電話が出現する前は、学校や塾などで辛いいじめに遭っても、その場を離れて自宅へ戻れば、一時的ながらいじめから逃れることができた。いじめる相手から物理的に距離を置くことで、束の間の休息を得られたのである。

ところがネットいじめでは、二四時間、どこにいても攻撃の手が伸びてくる。学校から家に帰って、晩御飯を食べてお風呂に入って、お気に入りの音楽でも聞きながらリラックスしているときに「死ね」と携帯メールが入るのだ。土日ともなれば、暇にまかせて学校裏サイトへ大量の中傷が書き込まれる。被害者は、食事をしているときもテレビを見ているときも、常に針のむしろに座らされている気分から逃れられない。こんなことが続けば、精神的に追いつめられてしまう。

ネットいじめがそれまでのいじめと決定的に違う点は、「匿名性」だ。ネットへの書き込みやメールの送信は、本名を明かさなくても行なうことができる。書き込みやメールを見た被害者は、自分をいじめている相手が誰だかわからないのだ。普段仲良くしているあの子が、陰でこっそりやっているのではないか。それともこの子か。顔の見えないネットいじめは、被害を受けている子どもを人間不信に陥らせる。加害者を見つけられないので手の打ちようがないと途方にくれ、教師や親に相談することを諦めてしまう。いじめる方も、ばれないことがわかっているので内容がエスカレートしていく。

従来のいじめでは、相手の顔写真と卑わいなコメントをチラシに刷って近所中に配る、なんてことはわざわざやらなかった。写真を現像に出す時点でその店の大人に見つかる、チラシの印刷には金がかかる、そして何より、配っている姿を他人に目撃されればアウトだからだ。だがネット上では、同様のことがプロフを改ざんすれば数分でできる。その作業が誰かに見つかる心配もない。インターネットの登場は、いじめる側にとっての様々な障害を取り払い、いじめという行為への敷居を低くしてしまった。

ネットだと、いじめるのは簡単──マサト・中学三年生

マサト（仮名・一五歳）は、神奈川県郊外の中学校の三年生。携帯に、「お前、キモいよ」とメールがきたことがある。嫌な気分になったが、メールだとこういうのも仕方ないのかな、と冷めた目で見ている。

「面と向かって『死んじゃえばいいのに』とかいうのは、すごく抵抗があるのが普通。いままでの道徳教育とかあるから。でも、文字として打つことへの教育はあまりされてない気がする。だから簡単にできちゃうんだろうなって思うし」

また、現実の人間関係において弱い立場の者でも、ネット上では強い立場の者を攻撃することが可能だ。何しろ匿名なので、部活の後輩が先輩を、生徒が教師をののしるケースもある。さらに、いじめられっ子がいじめっ子に仕返しをすることもできる。

全国高等学校PTA連合会などが二〇〇六年、全国の高校二年生約六四〇〇人を対象に行なった調査によると、いじめの加害者、被害者の両方を経験した生徒は四割を超えることがわかった。被害者が次のいじめで加害者に替わる割合は、加害者がいじめる側にとどまる割合に比べ、約一七倍も多い。携帯やネットを使うことによって、いじめる立場といじめられる立場は、簡単に入れ替わるようになったのだ。前出の大阪市教育委員会の調査でも、ネットいじめの加害者になったことがある中高生は四〇〇〇人を超えたが、理由に「自分がされた仕返し」と答える生徒もいた。

昔であれば、一度いじめられる経験をした子どもは、その痛みがわかるだけに他人をいじめることはなかった。だがいまは、いじめが手軽にできるようになったぶん、いじめなければ自分がまたいじめられる。相手を思いやる余裕がなくなり、「いじめの連鎖」を生んでいるのではないだろうか。

もっとも、実はネットへの書き込みというのは、発信者を特定することが可能だ。警察などを通して「発信者情報開示請求」と呼ばれる手続きを行なう。現に、学校裏サイトに友人を「ブス」などと罵倒する書き込みをしたとして、大阪府の女子中学生が警察に摘発されるなど、発信者が特定される事例は相次いでいる。ネットが決して隠れみのにならないことは、けん制の意味を込めて、子どもに認識させるべきだろう。

インターネット上での名誉毀損や中傷をめぐり、警察に寄せられる被害相談の件数は急増している。警察庁のまとめでは、この種の相談は二〇〇六年で八〇三七件に上る。実に、四年前の三倍以上だ。中でも中高生など、未成年のケースが目立つ。

しかしながら、この数字も氷山の一角に違いない。ネットいじめに遭いながらも、親にも教師にもいえずに一人で悩む子どもは、相当数いると思われる。

なぜならば、いじめられていることを誰かに打ち明けるのは、「私っていじめられっ子なんだ」と自分で認めることであり、相手にも「この子はいじめられっ子なのね」と哀れまれるということだ。前述したように、思春期の子どもにとっては非常に屈辱的である。ましてや家族以外の他人、例えば近所の交番の警察官にまで自分のいじめ被害が知られてしまうとなると、言い出しにくいものだ。

また、インターネットや携帯電話の操作に関しては、大人より自分の方がずっと詳しいということも子どもたちはわかっている。ネットに疎い親や先生に相談してもムダ、と思ってしまう。さらに、携帯はいまや子どもにとって命の次に大切なぐらい、生活になくてはならないものだ。ネットいじめに遭ってはいても、その悩みを相談できる掲示板や、いじめっ子以外の友だちとのつながり、心を安らげる音楽や映像を提供してくれる場所もまた、ネットなのである。もしもいじめ被害を親に打ち明けたら、応急処置として携帯やネットの使用を禁止させられることは目に見えている。携帯を取り上げられるくらいなら、黙っておこうという心理が働いても不思議ではない。

悪口を書かれても、プロフをやめられない友人――サオリ・高校一年生

都内の私立高校に通うサオリ（仮名・一五歳）の友人は、自分のプロフのゲストブック（掲示板）に誹謗中傷を書き込まれた。「死ね」「ブス」「デブ」と罵倒する言葉のオンパレード。さらに「これを書いているのは、あんたの身近な友だちだからね」との記述。友人はすっかり人間不信に陥ってしまった。

「どうしたらいいかな」と彼女から相談されたサオリは、「プロフやめたら」とアドバイスした。だが、友人はそれは嫌だと主張する。プロフを通じて仲良くなった友だちもたくさんいるので、その子たちとの関わりは絶ちたくないというのだ。

「その子のプロフ見せられたときは、本当にひどいなーと思った。でも、本人が消したくないならどうしようもない。ほっとくしかないよね」とサオリ。

加えて、子どもにはどうしても、親にいえないいじめがある。「性」に関わるものだ。

性的ないじめ

神戸市須磨区で発生した事件には耳を疑った。二〇〇七年七月、私立高校三年の男子生徒が校舎から飛び降り、自殺した。「金を払わないとリンチ」などと、同級生グループから携帯メールで何度も脅されていたという。

しかも、男子生徒の下半身を露出させた写真や、強引に開脚させた写真が、グループが作成したホームページに掲載されていたのだ。男子生徒の実名とメールアドレス、住所、電話番号も書き込まれた。このサイトは男子生徒の自宅で同級生らが作成し、男子生徒自身が作ったもののように装っていた。

学校の多くの生徒が、サイトの存在を知っていたという。他にも、とてもここには書けないような凄惨な性的いじめが、男子生徒に対して行なわれていた。

自殺後見つかった彼の遺書には、「裸の写真を撮られたのが嫌だった」と記されている。自分のプライベートな部分がクラスメートら大勢の人の目にさらされてしまった恥ずかしさと惨めさ、それでも学校へ通わなければならなかった苦痛は、いかばかりだっただろうか。

子どもたちが「性」を悪用するいじめを行ない、それはインターネットを使うことでより過激さを増している。この現実を、事件は象徴していた。

ネット掲示板でもずいぶん話題になり、加害少年たちの顔写真と実名、住所、部活、誕生日、出身中学、さらには恋人の実名や学校名までもが暴露される事態に発展した。もちろん少年法の規定からは逸脱した行為だが、それだけ世間の人（特に男性）が、この事件の被害を我が身に置き換えたときの怒りは、強かったのだろう。

「性」は個人の最も私的な領域であり、侵されざるべきものである。逆にいえば、相手を精神的に痛め付けるには、性に関する中傷が一番効果的だ。子どもたちは、それに気づいている。

私が子どもの頃（約二〇年前）は、例え性的ないじめが相手に最もダメージを与えるとわかっていても、そこまで踏み込むのはタブーという暗黙の了解があった。「いくらなんでも、かわいそう」との自制心が働くのだ。ズボンは下ろしてもパンツは下ろさない、もしくは下ろす「ふり」で止めておく。実際には水面下で性的ないじめが繰り広げられていたのかもしれないが、少なくとも、公然と行なうものではなかった。

ところが、インターネットと携帯を手に入れた子どもたちは、相手の性的領域に土足で入り込むいじめをも軽々しく、そして大っぴらに行なうようになってしまった。性に関するモラルの低下も背景にあるのだが、この問題については第3章で詳述する。

いま、子どもたちの間に見られる性的いじめとは、どのような形態のものだろうか。

典型的なのが、先の神戸事件のように、相手のわいせつな画像と卑わいなコメント、個人情報を勝手にネット上のサイトへ掲載するケースだ。「なりすまし」プロフや、学校裏サイトで行なわれている。友だちの下着姿は、更衣室で体操服に着替える際などに簡単に隠し撮りできる。相手の顔写真をどこかのヌード写真と合成して出会い系サイトに貼ったり、顔とスカートの中の写真を並べて載せたり、と手が込んだ事例も少なくない。

栃木県内の中学校では二〇〇七年五月、放課後の教室内で二年生の女子生徒十数人が、同級生の女子生徒に服を半分脱ぐよう強要し、携帯カメラで撮影した。その画像は、同じ中学の生徒三四人に送られたという。被害者側の訴えにより、加害生徒たちは強要容疑で書類送検されるなどした。集団に囲まれ、自分の半裸姿にカメラを向けられた女子生徒はどんなにか怯え、嫌な思いをしたことか。

友だちの下着がプロフでさらされた――マキ・中学二年生

マキ（仮名・一三歳）が通う埼玉県内の私立中学校で、修学旅行に行ったときのこと。持ち込み禁止の携帯電話を、こっそり持ってきている女子生徒がいた。その子は宿の部屋で、マキの友だちの荷物を勝手に漁り、下着を取り出した。それらを床の上に並べ、携帯カメラで撮影した写真を、自分のプロフに掲載。「○○ちゃんの下着」と友人を名指ししたコメント付きである。すぐに学校内で噂になり、学年集会が開かれる騒ぎになった。

問題のプロフはすぐに削除されたが、そこでは事前に友人の顔写真もさらされたに違いない、とマキは推測する。

「いじめたい相手の名前と下着画像だけ掲載したって、つまんないでしょ。ああいうときって、一緒にプリクラで撮った写真とかを、先に名前付きで載せるから。見る人が見ればわかるようにするわけ」

二〇〇八年の一月から二月にかけ、横浜市の県立高校一年の男子生徒ら四人が、児童買春・児童ポルノ禁止法違反などの疑いで逮捕された。一人の自宅に、同級生の少女（当時一六歳）を呼び出し、全裸の写真を三人がかりで携帯電話で撮影したという。別の男子生徒はこの写真を入手し、インターネットの掲示板に貼り付けたとされる。撮影をした三人のうち一人は、この少女と交際していた。

少女は、自分の裸の画像が校内に出回ったため、学校を自主退学したという。男三人に全裸にされ、撮影された少女の恐怖心は察するに余りある。報道では明らかにされていないが、おそらく性的暴行も受けたのではないか。彼氏に裏切られたショックも大きかったに違いない。

なお、写真をネットに掲載した男子生徒も以前この少女と交際した経験があり、「なぜ他の男に全裸の写真を撮らせたのか。許せない」と思い犯行に及んだという。事実だとすれば、元彼女を自分の所有物と思い込んだ傲慢な発想だ。加害少年たちが軽い気持ちでやったであろう性的な行為が、被害者を自主退学に追い込み、人生を狂わせたのだ。

自分が被害にあっているのを知り、削除してもらおうと管理者に連絡を取ったところ、さらなる被害を被った例もある。岐阜市で二〇〇七年、ネット掲示板に自分の悪口が書かれているのを見つけた女子中学生が、管理者に削除を依頼した。そのサイトを管理していたのは、高校一年の男子生徒。彼は削除する交換条件として、裸の写真を送るよう女子中学生に要求したのだ。「もっと送らないと、写真をネットに掲載する」と脅された女子中学生は、結局計六枚のわいせつ写真を、男子生徒の携帯電話に送ったという。この男子生徒は、強要と児童買春・児童ポルノ禁止法違反の疑いで逮捕された。

「性的な画像」が、この種のいじめでは絶大な威力を発揮する。文字のみで卑わいなコメントを書かれるのに比べ、自分の下着姿や裸を無理やり撮影され、公の場にさらされることの方が、何万倍もの恥辱だろう。いったん撮られてしまい「ネットにばらまくぞ」と脅されようものなら、被害者は、加害者のいうことを何でも聞かざるを得ない心理状態に陥る。このため、画像をネタに金銭を要求されたり、売春を強要されたりすることすらある。

また新しい手法として、被害者を主人公としたポルノ小説を創作するいじめも報告されている。子どもたちの間で流行する「ケータイ小説」は、性的いじめにも悪用されているのだ。二〇〇六年末、秋田市の当時中学三年生の男子生徒が、ポルノ小説の主人公に自分の実名が使われたとして、警察に被害を相談した。インターネット上の小説投稿サイトに掲載されたもので、男子生徒が、学校内で複数の女子生徒とみだらな行為を繰り返す内容だ。女子生徒たちの実名も挙げられていた。男子生徒は、ポルノ小説に名前が載っていることを校内でからかわれ、ショックで一時学校を休んだという。「小学二年から中学三年までの女性三六人を暴行する」と掲示板に書き込んだとして、広島県の中学三年の男子生徒が二〇〇五年、脅迫の疑いで逮捕された例もある。三六人の中には、中学三年の女子生徒など数人の実名が含まれていた。

このような性的いじめの数々は、もはや「いじめ」という表現で片付けることはできない。名誉毀損罪であり強制わいせつ罪であり、強要罪であり恐喝罪だ。犯罪に値する行為が、親の目の届かないところで展開されているのである。

性的な被害は、子どもの心のバランスを崩す。異性が怖くなり、外出もできず、情緒不安定になる。

食べ物が喉を通らない、夜も眠れない、といった症状も表れる。勉強や部活への意欲もなくなる。横浜市の被害少女のように、学校に通うことすら苦痛になってしまうケースも珍しくはない。

しかし、そのいじめが「性」に関わるものであるからこそ、子どもは親や教師に助けを求めづらい。自分の裸や性器の写真は、親にだって見られたくないのが思春期の子どもというものだ。教師や警察に対しては、なおさらである。性的いじめは、被害者のこの羞恥心を巧みに利用したものだ。

例え勇気を振り絞って打ち明けたとしても、「あなたにスキがあったからだ」などと、子どもを責めてしまう親がいる。信頼していた親のそのような態度に子どもはショックを受け、裏切られた気分になるだろう。

加えて、もし事態が表沙汰になってマスコミに報道されると、被害者は二重に傷付く場合がある。性的な被害の内容を、必要以上に具体的に書きたてるマスコミが出てくるからだ。例の神戸事件でも某週刊誌は、男子生徒が同級生から受けた目を覆いたくなるような性的いじめの数々を、こと細かに報じた。読み手の興味をそそる、センセーショナルな見出し付きだ。その見出しは全国を走る電車の中吊りに掲載され、記事の中身も数十万人に読まれるのである。被害者の遺族は、どんな思いでいたのか。

この手の報道が繰り返されれば、被害者はますます、性的いじめを訴えることをためらうだろう。

性被害の場合は特に、報道機関は、被害内容を具体的に報じることは避けるべきである。例え記事が興味本位ではなくても、自分がどんな被害にあったかを周囲の人々に知られ、好奇の目にさらされることで、被害者は再び傷付く。

今日も、自分の裸の写真が流出する恐怖に一人怯えながら、眠れない夜を過ごす子どもたちがいる。

第2章　ネットいじめ　被害者の声

1　しんどい子どもたち

いまの子どもたちは、インターネットが席捲する社会に生まれ落ちてしまった。私たち大人の子ども時代には想像もつかなかったトラブルが、次々と襲いかかる。それでも、自分なりに何とか身をかわしながら、生き抜こうとしている。

ネットいじめは女子・男子の区別なく起きるが、携帯電話の所持率、ネットいじめ発生率共に、女子の方が高い傾向にある。この時代を生きる女の子たちが抱えるしんどさとは、どのようなものなのか。三人の女子中高生に、じっくり話を聞いた。

学年中の男子から「気持ち悪い」とメールが――サトミ・中学二年生

サトミ（仮名・一四歳）は、東京都郊外の私立中学に通う二年生。小学校六年生のときに、母親がパートで働き始めた。サトミが一人で遊びに行くときや習い事に行くとき、「これ、持って行きなさい」と、母親は自分の携帯電話を渡すようになった。

中学二年に上がると、両親が離婚。サトミは母親と別れ、父親と一緒に暮らし始めた。母親と連絡が取りにくくなるからと、初めて自分専用の携帯電話を与えられた。真っ赤な色をしたそれは、丸みを帯びたフォルムが可愛らしい。

「別に私から欲しいっていったわけじゃないけど。持たされたって感じかな」

とサトミは振り返る。

おこづかいを月一万円にして、その中から携帯電話の使用料も払うことを、父親と決めた。インターネットには、接続できないよう設定された。「携帯は安全のために持つもので、ネットにつないだり友だちとメールしたりするためのものじゃない」というのが、父親の持論だったからだ。

だが、サトミは携帯を持ち始めてすぐ、ネットに接続できないと不便なことが多いと感じるようになる。

「ファストフードなんかで、携帯サイトのクーポンを見せると一〇％引きとか、よくあるでしょ。

あれをどうしても使いたかった」

他にも、学校の部活のメーリングリストに登録するときなど、インターネットを利用しなければならない状況は色々ある。「自分でお金払ってるのに、なんでネットにつなげなくされなきゃいけないの」とサトミは父親ともめ、半年前にようやく接続が許可された。

とはいえインターネットに接続すると携帯料金が高くなるので、宿題用の調べものなどに長時間ネットを使う場合は、極力家のパソコンを利用するようにしている。父親はＩＴ関係の仕事に就いているため、パソコンには詳しい。家庭用のパソコンを初めて購入したとき、父親はまず、インターネットを利用する際のエチケット（ネチケット）について説明されたサイトをサトミに見せた。その内容を全部読み終わらなければ、ネットを使ってはいけないという決まりだ。さらに、悪質なサイトに接続させるのを防ごうと、フィルタリングを設定した。

サトミにとって、そんな父親は信頼できる存在。たまに自分の携帯に迷惑メールが届くと、「これは削除した方がいいの？」と相談するようにしている。

携帯電話を持つようになってハマッたのが、仲がいい子とのメールのやり取りだ。「友だちとメールするためのものじゃない」という父親の教えには反するが、電話するより安いし、やはり止められない。一日三〇通ぐらい発信する。だが、どれもたわいもない内容だ。

「重要な話があったら電話するか、直接会うかする。結局、本当にどうでもいいことをメールしてるんだよね。必要ないなー、と思うこともある。たまに友だちから『大事な相談があるからメールしてもいい？』って聞かれると、だったら電話してくればいいのに、と思う」

メールのやり取りは、学校から家へ帰っても続く。宿題のレポートを書かねばならないときなど、途中でメールを始めると、自分の考えていたことがどんどんまとまらなくなってしまう。面倒くさいので、そんな場合は携帯の電源を切り、一気に宿題を片付ける。でもメールを送ってきそうな友人には、「いまからレポート書くから電源切るね」とちゃんと伝えておく。以前、相談を持ちかけてきた友人のメールに返信するのを忘れ、怒らせたことがあるからだ。

「軽く見られている気がして気分が悪い。私のことはどうでもいいのかって不安になる」

と、その友人はサトミを責めた。それ以来、電源を切るときはその子に断りを入れる。結構、疲れる。

寝るときも、電源を切るようにしている。周りには夜遅くまで起きている子が多く、メールの着信の音で、目が覚めてしまうからだ。

「前に、夜中の三時にメールが届いたことがあって。しかもすごく悩んでいる相談のメールだったから、うんざりした。こっちは寝てるって考えないのかよって」

そんなサトミでも、送ったメールになかなか返信がこないと、とても心配になる。どうしたんだろう、何かあったのか、とソワソワしてしまう。メールに依存してるなあ、と自分でも思う。

ある日サトミの携帯に、見慣れないアドレスからメールが届いた。

「二年の男子一同はみんな、お前のことを気持ち悪いと思っている」

「何これ？」ゾッとした。

差出人が誰かもわからない。先生にいった方がいいんだろうか……。

迷った末、担任にだけ、そのメールのことを伝えた。表沙汰にはして欲しくなかったので、「他の先生にはいわないでくださいね」と頼んでおいた。ところが担任は、サトミが被害に遭ったことを、学年便りに書いてしまう。

「いうなっていったのに！」裏切られた気分だった。

一応、母親にも打ち明けてみた。怒った母親は、「携帯電話会社に電話する」「探偵を雇って犯人を捜させる」と言い出した。慌てて、「いいから、私平気だから」となだめた。相談したことを後悔した。

結局、犯人は見つからずじまい。あのメールを思い出すと、いまも気持ち悪さが込み上げてくる。

どうして私は、あんなに被害が表沙汰になるのが嫌だったんだろう？　サトミは自分に問いかける。

「あのメールがきて、本当はすごく気にしたし、不気味だった。でも、『私は全然そんなの気にしてないし、平気なのよ』っていうポーズを見せることで、強い人でいたかったんだと思う。自分がネットいじめにあったことを周りに知られたくないっていうのもあった。可愛そうな子、って哀れまれると余計惨めになるから。先生や親に助けられるのって、惨めだよ」

その後もサトミの携帯には、全然知らない男子の声で「誰だと思う?」と電話がくることが続いた。気味が悪いので、いまでは知らない番号や非通知でかかってきた電話は、出ないようにしている。

だが、携帯電話を手放したいとは思わない。すでに、仲間内でのコミュニケーションの一部になっているからだ。

「周りの友だちがみんな携帯持ってるのに自分が持ってないと、輪に入れなくてすごく負い目を感じる。携帯も、普通に使えば危険じゃないと思うし。いまの時代の流れからして、私たちには必要なモノなんだよね」

「あなたは殺人犯」とチェーンメール——ユカ・高校一年生

黒光りする携帯電話を、赤やピンクのラインストーンで飾り立てたユカ(仮名・一六歳)。神奈川県内の公立高校に入学した半年前に、ようやく持たせてもらえた。

携帯には、すごく憧れていた。ユカの周りで、早い子は小学生のときから携帯を持ち始め、他の友だちもほとんどが、中学入学と同時に買ってもらっていた。

「朝学校へ行くと、みんな昨日の夜やり取りしたメールのことや、アドレス変えた?なんて話をしている。私だけ会話に入れなくて、とても引け目を感じて。携帯を持ちたい持ちたいっていう気持ちだけが先走りしてた」

なんで私は携帯電話持っちゃいけないの、と両親とケンカをしたこともある。だが、ユカの親は携帯は必要ないという考えで、自分たちも所有していない。「お父さんもお母さんも携帯持っていないのに、なんでアンタが持つの」と、いさめられた。

変化が訪れたのは、ユカの進学する高校が決まったときだ。学校は家から少し距離があるため、電車通学をすることになる。防犯のためには仕方が無い、と親もしぶしぶ携帯を買うことを認めた。

「非常事態に、家族と緊急連絡を取るためだけだよ」と念を押されたが。

ついに望みがかなったユカはいま、学校へ行くにも外へ出かけるにも、必ず携帯と一緒だ。一回手に入れてしまったら、もう手放すことは考えられない。

「携帯がなくても絶対、生きていくことに支障があるわけじゃないけど、やっぱりもし連絡がきたら、とか考えちゃう。持って行くのを忘れたら一日中、『あー、そういえば携帯忘れたんだ』って、思い出してはウンザリする。別に何も困らないんだけど、時間が見られなくなるくらいで。でもショック」

高校に入ってから、ミクシィも始めた。ミクシィとは、SNS（ソーシャル・ネットワーキング・サービス）と呼ばれるサイトのひとつで、自分の日記や写真を投稿するページを持ったり、趣味や職業ごとに形成されたコミュニティに参加したりできる。入会するには、すでに会員になっている人からの紹介が必要だ。会員数一三〇〇万人以上（二〇〇八年一月現在）を誇る巨大サイトである。

ミクシィは一八歳未満の者が利用することを禁じているが、ユカの学校で、会員になっている子はたくさんいる。登録の際、生年月日は簡単にごまかせるようになっているからだ。ユカも友だちに誘われて入会し、学校であったことなどを日記に書いている。たまに全く知らない人から、「友だちになろうよ」と書き込みがあるが、全部断る。顔も知らない人と友だちになるのは抵抗がある。

仲が良い子と食事や遊びに行ったときは、携帯電話のカメラでその子と一緒の写真を撮り、ミクシィに載せることも。だが写真の掲載について、いちいち友だちに断りを入れることはない。あるとき、掲載した友だちから「勝手に載せないで。その写真消して」といわれてしまった。急いで削除した。

「自分としては、記念のつもりで載せてるんだけどね。写真を撮らせてくれたから、イコール掲載もOKかなと。それで友だちが不愉快になるとか、そこまで深く考えてないかも」

ユカは、バスケ部に所属している。最近、そこで知り合った同級生の女の子と連絡を取る必要があったため、携帯のメールアドレスを教えた。数日後、その子からメールがきた。「部活のことかな」と何気なく開いてみて、りつ然とした。

「殺人者を探している。このメールを二四時間以内に回さないと、あなたが犯人と見なされ、あなたの家に警察の家宅捜索が入る」

さらに、「この殺人犯に殺された女の子の写真を、ここをクリックすると見られる」とリンクが張られていた。

怖くなり、写真も見ずにすぐメールを削除した。同時に、腹立たしさが募ってくる。部活の仲間だと思っていたのに、こういうことをするのか。

しかも、そのチェーンメールは大勢の人に一括送信されたものだったので、自分以外に送られた人たちのメールアドレスも見ることができる。逆に、ユカのアドレスも他の受信者に知られるということだ。今度はその人たちから、新たにチェーンメールが送られてきた。

「もうヤダ、と思った。すごく迷惑。そういうことするために携帯を持ってるんじゃないし」

メールアドレスは変えた。その子には、教えていない。

友人関係で不快な思いをするのは、今回が初めてではなかった。ユカは中学時代、いじめに遭ったことがある。クラスにボスのような存在の女の子がいて、定期的に誰かをいじめていた。その子の機嫌により、数週間から数ヵ月単位でターゲットが変わる。そして、ユカの番になった。

靴を隠され、無視され、陰で悪口をいわれた。ユカはやたら周りの目を気にするようになった。教室の隅で女の子たちが固まり、コソコソ話していたら、「私の悪口をいってるのかな」と疑う。「あいつ、ウザいよね」と見下すような笑い声が聞こえたら、「私のことかも」と心配になる。

いじめられていたときは、毎日が辛かった。だがいま、振り返ってみて思う。「こっちに文句があるなら、いじめなんかするよりハッキリ口でいえば良かったのに」と。

「いじめる子は、しょせん靴を隠すくらいしかできないんだよね。私に向かって『あんた、こういうとこ直した方がいいよ』っていうんならまだしも。靴を隠したり悪口をいったりっていうのには傷付いたけど、いまになって考えれば、いじめる子も弱いなって」

最近は、自分と同世代の子たちが誹謗中傷をネット上で行なっている、とのニュースを耳にする。ユカの高校にも裏サイトはあるらしい。もしかしたら、自分の悪口が書かれているかもしれない一抹の不安はある。しかし、覗いてみるつもりはない。

「そういう嫌なサイトがあるっていう事実は認めなきゃいけないけど、切り離したい、自分から。

そのサイトに入ってしまったら飲み込まれそう。すごく怖い」

きだ。

ストーカーメールに怯えた日々——ナオコ・中学三年生

ナオコ（仮名・一五歳）は、東京都内の公立中学三年生。携帯電話を持ち始めたのは、一年生のときだ。

通った小学校では携帯の持ち込みが禁じられていたが、中学校では許可されている。入学と同時に、周りの友だちはみんな携帯を持つようになった。手のひらサイズの通信機器が、ナオコの目にはカラフルなおもちゃのように映った。

「いろんな色があって、いいなー、私も欲しいなって。とにかく、携帯というものをいじってみたかったんだ」

母親にねだると、「いらないわよ」とすぐ却下。だが、「友だちとすぐに連絡が取れて、コミュニケーションが楽になるから」と拝み倒して買ってもらった。ナオコが選んだ携帯電話は、ショッキングピンク。流行の薄型だ。

携帯を持つに当たり、親とルールを取り決めた。まず、「目の前にいる人に用事があるときは、メールを送るのではなく、きちんと会話をする」こと。そして、利用料金について。友だちには、親に払ってもらう利用料金の上限を月五〇〇〇円に定めている子が多い。しかし、ナオコの親が五〇〇〇円は高すぎると主張したため、三〇〇〇円を超えたら自分で払うことになった。実際、ナオコは音楽や漫画を携帯からダウンロードすることはほとんどないので、月額は三〇〇〇円以内におさまっている。

友だちとの連絡手段は、圧倒的にメールが多くなった。用事があるときだけにしようと心がけてはいるが、それでも気が付けば、一日二〇通はやり取りしている。すぐに返信がこないと、まだきてないかなー、と気になる。

「私が送ったメールに、たまに返信しない子がいて。「OK、了解」とか、一言でも返信してくれればいいのに。ちょっと傷付くんだよね」

とはいえ実はナオコは、メールを送るのがあまり好きではない。誤解されないようにと、頭を使って文章を打つため、時間がかかるのだ。面倒くさいので、メールの文末に「じゃあね！」と添え、自分から会話を終わらせるよう仕向けている。

「むしろメールは、通話より難しい。気持ちのニュアンスを伝えられないもん。勘違いされるときがあるから、口でしゃべるのが一番いい」

あるとき、クラスメートの女の子から「ヤマダくん（仮名）がナオコの携帯のメールアドレス知りたいっていってるけど、教えてもいい？」と聞かれた。ヤマダくんは同じクラスの、おとなしい男の子だ。ほとんど喋ったこともないのに、なんで私のアドレスを知りたいんだろう。直感でちょっと嫌だなと思ったが、別に断る理由もないので「いいよ」と答えた。

すると毎晩、ヤマダくんからメールが届くようになった。しかも、一日一〇通以上。ナオコが学校へこっそりマニキュアを塗っていくのを知ってか、「何色のマニキュア使ってんの」と。気持ち悪いので無視すると「明日つめ見せて」。それも無視すると「なんで無視してくんの？」。だんだん、ストーカーっぽくなってきた。

ヤマダくんは、学校でナオコに会っても話しかけてくるわけではない。ナオコが睨み付けても、目をそらす。なのに、夜になると次々に親しげなメールを送ってくるのだ。

メールの着信を知らせる携帯の振動音が聞こえただけで、ビクッとするようになった。

「着信があるたびに本当に怖かった。そういうメールに慣れてなかったから。マジうざくて、ヤマダなんか死ねばいいと思ってた」

耐えられなくなったナオコは、メールアドレスを変えた。すぐにまた、友だち経由で「ヤマダくんが知りたがっている」と回ってくる。「絶対、嫌だっていっておいて」と伝えた。そしてようやく、ヤマダくんからのメール攻勢は終わった。

いまも彼のことは恨んでいる。ヤマダくんの行為は、ナオコへの好意から発せられたものかもしれないが、当人にとっては嫌がらせ以外の何ものでもない。ナオコは、嫌がらせを受ける立場の恐怖心というものを初めて味わった。

ナオコ自身はそれまで、いじめに遭ったことはない。しかし中学二年のとき、親友がいじめられた。学校の渡り廊下で、同級生の女子グループが親友を「水掛けっこして遊ぼう」と誘う。そして彼女たちは水道の水を口に含み、その子に吹き付けた。水の掛け合いなどではなく、親友一人をターゲットにして、一方的に水を浴びせるのだ。

そぼ濡れ、されるがままになっている彼女を目にしたナオコは猛烈に腹が立ち、一人でその場に乱入していった。「ふざけんな」と叫びながら水を口に含み、女子グループに吹き返してやった。ナオコの剣幕に驚いた彼女たちは、以降、親友をいじめなくなった。

親友を守りたい一心でそのような行動に出たナオコだが、自分が嫌がらせの被害を受けたいま、いじめられていた親友の怖さがよくわかる。もし今度友だちがネットいじめに遭ったら、できるだけその気持ちに寄り添いたいと思う。

『『何があったの、思い当たることある？』』って、その子の話をまずいっぱい聞いてあげたい。『私はあなたのこと、そんな風には思ってないよ』って率直な意見をいうだろうし。学校でも一緒にいてあげようと思う。きっと心細いだろうから」

2　いじめと自殺サイトで命を絶った娘

二〇〇八年の一月。私は、うっすらと雪が積もる福岡県飯塚市を訪れた。この地でＩＴ系の事業を営む中山比佐雄さん（五七歳）は、四ヵ月前に長女の碧《みどり》さん（当時一四歳）を亡くした。中学校でいじめに遭い、自殺サイトにのめりこんだ末、自ら命を絶ったという。

娘の死に心の整理が付かないまま、中山さんはこの件について、メディアからの取材を一切断ってきた。だが今回、初めて重い口を開いた。

「私の話が参考になって、他の子の自殺を防げればいい」

そう願っての、決断だった。

不登校になった娘を転校させた

小学校時代の碧は、明るく活発な女の子だった。所属していた剣道部の練習に熱心に通い、友だちは多く、先生からも可愛がられていた。

様子がおかしくなったのは、進学した地元の公立中学校で二学期を迎えた頃だ。その学校には、他の校区から入ってきた不良グループがいた。碧は好奇心から、彼らと時々遊ぶようになった。あるとき、そのグループの女子から「あんた、私の彼氏にちょっかいを出してるでしょう」と因縁を付けられる。碧は身に覚えがなかったが、「出てこい」と不良グループから携帯に脅しの電話がかかるようになった。

携帯電話が鳴るたびに、怯えた表情を見せるようになった碧。そこへ、追い討ちをかける出来事が起きた。碧はクラスの一部の女の子たちと仲良しグループを組んでいた。だがその中の一人とトラブルを起こし、グループ全員から仲間はずれにされたのだ。朝登校しても、誰からも口を聞いてもらえない日が続く。

やがて碧は、学校へ行きたがらなくなった。中山は何が起きているのかわからず、とにかく登校させようと、嫌がる娘を車に乗せて学校まで送り届けた。玄関へと入っていく後ろ姿を確認して、「もういいな」と思って帰る。だが、碧は父の姿が見えなくなるとすぐにUターンして、そのままバスに乗って繁華街や公園へ行き、時間をつぶしていた。

「碧さんがまだきていませんけど、どうしたんですか」と学校から中山の仕事先に電話が入り、慌てて探し回る。そんなことが何度もあった。

一年生の九月半ばから、ついに碧は、全く家を出なくなった。黒いジャージのパーカをかぶったまま寝床にくるまり、布団を目の位置まで引き上げてじっとしている。中山は娘を問いただしたが、何が起きたのかをはっきりいおうとしない。

中山は学校へ出向き、担任と話をした。そのとき初めて、娘がいじめに遭っていることを知らされた。担任は碧を仲間はずれにした女の子たちを呼び出し、「もうしません」と約束させたという。不良グループについては「あいつら、いくらいっても聞きませんから」と諦めた口ぶりだ。

「はっきりいって、これはもうラチが明かんと思ったんですよ。学校に頼むよりも、私が動こうと考えました」

と中山は振り返る。

中山は、碧が五歳のときに妻を病気で亡くした。それ以来、母と妹に家事を手伝ってもらいながら、碧と下の息子二人を育てている。娘の問題は、父親の自分が何とかしなければならないという思いが、中山にはあった。

これから、娘をどうすればいいか。自分の考えを話そうとしない碧に、今後の希望についてワープロで書くよう促した。返ってきた紙に述べられていたのは、次のような内容だ。

「私は小学校までいい子できたけど、中学校に入ってすぐに友だちとうまくいかなくなった。とても劣等感を抱いてしまった。こういう思いは、もうしたくない。学校を変わりたい」

娘がそう願うならと、中山は転校先を探し始めた。そして、不良がいなそうな地元の私立中学校を選び、三学期からはそこへ碧を通わせることにした。

転校せずにいまの学校に残って、状況の改善に取り組むという選択肢もあったはずだ。しかし、中山は敢えてそうしなかった。

「私はね、同じ学校に娘を置いたままいじめの解決に時間をかけても、娘はたぶん学校に行かんと思ったんです。時間がかかって、かえってストレスがたまると思ったんで。だったら環境を変えた方がいいかなと」

しかし、言葉を継ぐ。

「あのときは、転校させなければ娘が傷付くと思いました。でもやっぱり学校に残して、きちんと問題を解決してやればよかった。そうすれば、あんなことにはならなかったかもしれない」

また不登校、そして自殺サイトに

中学一年生の三学期から、碧は新しい中学校へ通い始めた。中山は毎日、仕事の合間をぬって娘の送り迎えをした。

その私立中学は、一学年に二クラスしかない。自然と、人間関係は濃密なものになっていく。碧が転入したクラスでは、すでに女の子の仲良しグループができ上がっていた。うまく馴染めるか中山は心配だったが、碧は特に嫌がるそぶりも見せず通うようになった。二年生に進級した四月には、小学校時代にやっていた剣道を再開した。積極的に部活動へ参加する娘の姿に、「これはうまくいくな」と中山はようやく一安心だった。

ところが五月に入ってすぐ、「事件」が起きる。

その頃碧は、クラス内の仲良しグループに所属していた。ある日の昼休み、仲良しグループ以外の女の子が持ってきた母親手作りのサンドイッチを、碧は

「わあ、雑巾みたいね」

と、けなしてしまったのだ。

相手の母親までをも侮辱したと取れるこの発言は、その生徒のみならず、仲良しグループのメンバーからも反感を買った。碧はグループから無視されるようになった。

碧の発言は確かに、相手を傷付けるものだっただろう。一方その言葉の根底には、早く母親を亡くした碧の、「母親の手作り弁当」に対する憧れと羨ましさがあったように私には感じられる。

再び碧は、学校へ行かなくなった。中山が理由を聞いても、「やっぱりここもダメよ」と繰り返す

ばかり。前の学校でうまくいかなかった碧は、新しい学校へ移るとき、「今度こそは」と思ったことだろう。だが、そこでもうまくいかなくて、絶望的な気持ちになったかもしれない。

碧が転入するに当たり、中山は前の学校で不登校になった件を、学校側へ話しておいた。そして、「よろしくお願いします。うまく対処してください」と頼んだつもりだった。しかし、学校へ行きたがらない娘を担任の男性と話し合わせた際、担任は碧を叱った。

「彼は彼なりの教育信念があっていってるんだろうけど、不登校の女の子の心情をうまく捉えきれていなかったんじゃないかと。だから私がそのときに担任に強くいって止めてね、娘がなんで話しにきたかわかってるんだろうから、もうちょっと対応しろ、といわなきゃいけなかったのかなと思ってるんですけどね。ちょっと私もそこらへん遠慮したな、と思って」

中山は唇をかむ。

何とか、次の手を打たなければならない。娘のことをどうすればいいかと、中山は地元の学校や教育委員会の関係者と次々接触し、相談した。だが、碧の目にそれは「父親が自分のことを言いふらしている」と映ったようだ。碧は、中山と口をきこうとしなくなった。

やはり、もといた公立中学校に戻った方がいいのではないか。あそこなら、いじめたグループ以外に、碧の小学校からの友だちもいる。そう考えた中山は七月、口をきかない娘をどうにか前中学校の校長のもとへ連れて行き、話をさせてみた。

校長には少し心を開いていたのか、碧はポツリポツリと語った。後に、その内容を校長から聞いた中山は、衝撃を受けた。

「父親が立派すぎる」と碧は訴えたという。

中山は、碧の母校である小学校のPTA会長や、地元の子ども会の会長を務めていた。中山が経営するIT系の事業は、子どもにはわかりにくい。そのため、親がどんなことをしているかを目に見える形で示したいと、中山はそれらの立場を引き受けたのだった。

「親が一生懸命働いてるよっていうのを、子どもに見せたかったんよね。それが娘には、父親は立派なことをやっていると映ったのかもしれないし」

中山が良かれと思ってやってきたことが、碧には近寄りがたさを抱かせていたようだ。

実はその頃、中山は娘とコミュニケーションを取る難しさに頭をかかえていた。学校に行かないので自分が勉強を教えてやりたいが、声をかけると逃げていく。逆に次男は、よく宿題を見てくれと寄ってくるので、教えてやる。その様子を碧は、父親が弟だけを可愛がっていると勘違いしたらしい。

「私は娘にも勉強を教えたいけど、なかなかそばに寄ってこないから、どうしていいかわからないんですよ。本人は逃げていくし、私は話をしたいんだけどうまくコミュニケーションが取れない。それで、自分は家の中では大事にされていないと思ったのかもしれない」

不登校の問題に詳しい知人からは、「子どもを抱きしめるようにして大事にして」とアドバイスされた。だが男親にとって、中学生の娘相手に、そう簡単にはいかない。中山は苦渋に満ちた表情で語る。

「でもいま考えたら、やっぱりそれをやっておかないとダメだったのかなと思いますけどね。どういうふうに娘と付き合っていくかっていうのが、わからんかったですね」

結局碧は、二年生の夏休み明けから、もといた学校へ戻ることを決めた。好きだった英語の授業を受けたい、という希望もあった。その学校の友だちは碧から、「新学期に戻るからよろぴく」という携帯メールを受け取っている。「これでもう大丈夫」と今度こそ中山は思った。

五月から不登校になったので、勉強はずいぶん遅れを取っている。夏休み中にやっておくようにと、学校は碧に様々な教材を与えた。だが、夏休みに入ると碧は勉強するふうでもなく、家のパソコンでインターネットに没頭する。娘は勉強のためにネットを使っているのだと中山は思っていた。自殺サイトに手を出しているなどとは、考えもしなかった。ただ深夜までパソコンの前を離れず、昼夜逆転の生活になりつつあったので、毎朝仕事場へ碧も連れて行くことにした。仕事場の事務所で勉強させるためだ。

夏休みに入ってから、碧はそれまで無口だったのが嘘のように、明るく振る舞うようになる。中山とは相変わらず言葉を交わさなかったが、祖母や弟たちとは会話するようになった。家の手伝いも進んでやった。そんな娘の姿に、「良くなってるんだな」と中山は嬉しくなった。

この頃の碧は、もう覚悟を決めていたのだろう。

「ちょっと散歩してくる」といって、碧は中山の事務所を時々抜け出すことがあった。そして、近所をぶらぶらと歩き回る。後でわかったことだが、そうしながら碧は、高層ビルを探していたのだ。

始業式の二日前の九月一日。

中山は、いつも通り碧を事務所へ連れて行った後、打ち合わせのために出かけた。数時間後、事務所の従業員が気づいたときには、碧の姿はなかった。

中山に連絡が入ったのは、碧が九階建てのマンションの屋上から飛び降りた後である。現場には、靴と携帯電話が遺されていた。携帯には、一通のメールが届いていた。

「実行したか」

携帯もパソコンも良かれと思い与えた

碧が自分専用のパソコンを手に入れたのは、小学校六年生のときだ。世間的に見ても、かなり早い方だろう。
もともと中山は、デスクトップのパソコンを一台、家に置いていた。仕事を持ち帰るときのためだ。だが、娘がいじり始めたので、それならばと専用のノートパソコンを買ってやった。

碧はすぐにパソコンの使い方を習得した。中山が教えてもいないのに、一人でホームページやブログも作成した。もっとも碧は、それらを自殺の直前に削除しており、何を書いていたのか知ることはできない。有害サイトにアクセスできないようにと、中山が高めに設定したブラウザ（インターネット・エクスプローラーなどのインターネット閲覧ソフト）のセキュリティも、碧は自分で解除していた。

携帯電話を持ち始めたのも、小学六年生から。塾へ通っていたので、帰宅するときの連絡用に欲しいと、父にせがんだのだ。中山も、「安全のためなら仕方がない」と買い与えた。結果的には、その携帯電話が、碧の背中を死に向けて後押ししたのだが。

携帯は娘の要望でインターネットにつなげる設定にしたが、中山はやはり有害サイトをブロックするため、フィルタリングをかけておいた。しかし、次から次へと出現する有害サイトに対して、フィルタリングも万全ではない。碧は密かに、自殺に関するサイトを探し当てていたようだ。

パソコンの使用について、中山は娘に夜一一時までと約束させた。だが、自分は仕事で疲れているので一一時前に寝てしまう。碧は家族が寝静まった後も、一人起きてインターネットに夢中になっていた。学校へ行かないので、時間はたっぷりある。二年生の夏休みに入る頃には、生活はすっかり夜型と化した。

昼の間中寝ていて、夜中に起き出してパソコンの前に張り付く娘の姿は、中山を不安にさせた。

「こんなことをさせてはいけない」

その思いに駆られた中山は、デスクトップのキーボードを外したり、娘のノートパソコンを事務所に持っていったりして、夜は使えないようにした。

「でもそんなことをやってもねえ、心が病んでるからね。娘が傷付いてからそんなことをやったって、やっぱりダメですよね。見たいと思ったらどうしても見るからね、どっかでね」

自分に言い聞かせるようにつぶやく。

碧の死後、警察の調べで、パソコンの履歴が明らかになった。碧が見ていたのは、日本最大の匿名掲示板サイト内にある、自殺願望者が集う掲示板だ。そこに、こんな書き込みをしていた。

「飛び降りってどうかな?」

碧の問いかけに、他の閲覧者たちが応じる。

「痛いのは地面に叩き付けられる瞬間だけじゃない?」

「いつ死ぬ?」

こうして見知らぬ自殺願望者たちとやり取りをしながら、碧自身の自殺への思いも、ふくらんでいったと考えられる。携帯電話のメールアドレスも教えあい、連絡を取り合っていた。

亡くなる一〇日ほど前、碧は小学校時代からの友人の携帯に

「私の気に入ったビルを見つけた」

とメールしている。身を投げるのにちょうどいいと、父親の事務所近くにある九階建てのマンションに目を付けたのだ。

そして亡くなる前日、同じ友人に再びメールを打った。

「全部自分を消して、まっさらにしたい」

「悔しいのぉ」

自殺する直前に、自分のブログもホームページも、携帯電話のメール履歴も、全てを削除した碧。自分の存在そのものを消して、逝きたかったのではないだろうか。それだけ、自分自身と自分を取り囲む全てのものへの嫌悪が、高まっていたのだろう。

碧が抱いた悔しさとは、何だったのか。

夢と希望を持って入学した中学校で不良グループに脅され、仲が良かった友だちからも一斉に無視された自分。「次こそは」と新規まき直しを図って転校した先で、再びみんなからそっぽを向かれ孤

立した自分。

それまで一緒に行動していた友だちが、口を聞いてくれない。休み時間も昼食も一人ぼっちだ。一四歳の少女は、身の置き所のなさを感じていただろう。誰からも話しかけてもらえないことで、自分の存在を否定された気持ちになったかもしれない。

碧の悔しさは、うまく友人関係を築けない自身への苛立ちだったのではないか。同時に、自分のことを理解してくれない周囲への憤りもあったと思われる。

自殺後、碧の携帯電話には、無視していた友だちから「私がうまく付き合えなくて死んだのかもしれない。ごめんね」というメールが届いた。

二つの学校でいじめに遭い、碧の心は行き場を失っていた。そんな娘の辛さをなぜわかってやれなかったのかと、中山は自分を責める。

「学校行かなくなって勉強しないとなるとね、親としては不安じゃないですか。少しは勉強せないかんのじゃないか、とかね。どこか塾へ行って勉強せんかとか、それこそ色々いったわけですよ。だからそういうこともやっぱりプレッシャーになったのかな、という感じはする。勉強に対する意欲よりも、どうやって自分は生きていこうかということを色々悩んでいたんでしょうからね」

前途を悲観する中自殺サイトを目にした碧が、のめり込むのに時間はかからなかっただろう。死ねば全てを帳消しにできるという誘惑に、捉われたに違いない。

碧が飛び降りた直後、携帯に送られてきた「実行したか」のメール。おそらく碧は自殺サイトで知り合った仲間に身を投げる日時を予告し、仲間たちもまた、彼女が実行するよう煽っていたのだろう。碧が死にたいほどの悩みを抱えたのは現実の人間関係が原因だが、実際に「死ぬ」ことへと思いを向かわせるに当たっては、インターネットが大きな役割を果たしたといえる。

娘が自殺サイトを見ていたことを、中山は全く知らなかった。大体パソコンも携帯電話も、良かれと思って買ってやったのだ。インターネットを使わせる際も、時間の制限以外に細かな注意はしなかった。

「ネットや携帯に危険が潜んでいるなんて、思いもしなかったです。知っていたら与えなかった。むしろパソコンとか今後使うようになるから、いまのうちから熟練すればいいねと思って、教育のために持たせたのに」

一方、碧が在籍した中学校では、何らかの情報モラル教育を行なっていたのだろうか。自殺サイトに熱中して生徒が亡くなるという事態を受け、在校生への指導は強化したのか。碧が復学する予定だった公立中学校を訪ねた。

私の取材には校長が対応した。碧から復学の相談を受けた人物である。

「ネット問題は、我が校の一番の悩みです」と校長は顔をしかめる。碧以外の生徒も、ブログに悪口を書き込まれたり、嫌がらせのメールを送られたりする被害を受けているという。

だが、碧の自殺から四ヵ月が経ついまも、インターネットのマナーやモラルについての教育はしていない。「これから教えなければと思っています」と校長は述べるにとどまった。

そもそも碧については「ちょっと友だちとの関係がうまくいかなかった」のであり、「いじめられていた」とは認識していないという。

学校側の態度に、中山は不信感を顕わにする。

「最初の不登校のきっかけは、もう間違いなくいじめなんですよね。それがなかったなんて、とんでもない。娘がこういう結果になったんだから、今後の学校教育に活かしてもらわないと困ります」

学校にも家庭にも居場所を見つけられなかった碧。救いを求めたのは、インターネットだった。中山は、娘に安心して生きていける場所を提供できなかったことを悔やむ。それと共に、子どもが死を思いつめる過程をネットが手助けしている現状に、危うさを感じる。

「自殺サイトが絡む犯罪も起きているし。そういうメディアを、子どもにどう規制すればいいのか、考えんといかんですね」

そして、もう自殺する子は出て欲しくないと、中山は願っている。

3　教師の模索

ネットいじめは、学校の教壇に立つ者にとっても、対応に苦慮する問題だ。何しろ、過去に経験したことのない事例が次々発生する。しかも教師は、パソコンや携帯電話に関する知識で生徒に遅れを取っている。最近は、教師がネット上で誹謗中傷の被害にさらされることも珍しくない。

学校は、インターネットの使い方を生徒たちにどう教えればいいのか。模索する現場の声を聞いた。

いまのネット教育はもどかしい——都立高校男性教諭・二〇代

放任されたネット教育

斉藤隆（仮名・二〇代）は、東京都内の公立高校で情報科を担当している。特に進学校というわけでもないその学校では、生徒が携帯電話を持ち込むことは自由だ。高校生にもなれば生徒のほとんどが携帯を所有しているため、禁止しても隠れて持ってくるだろう、という考えだ。

授業中は、携帯電話を机の上に出してはいけない決まりになっている。だが斉藤が授業をする間、クラスの生徒の約半分は携帯を机に置いておく。ＰＨＳと携帯の二つを並べる者も。みんな目の前の教師を気にするでもなく、堂々とメールを打ち、中には通話をする生徒までいる。斉藤は最初の頃は注意していたが、生徒たちは一向にやめようとしない。半ば諦めの境地に達した斉藤は、いまでは携帯のことにいちいち構わず、授業を進めている。

校内でインターネットや携帯電話に関するトラブルが目立つようになったのは、二年ほど前からだ。あるとき斉藤は一年生の女子生徒から、

「自分の写真と名前がアダルトサイトに出ている」

と相談を受けた。女子生徒はプロフを作り、自分の顔写真と名前を掲載していた。それらの情報を誰かが利用して女子生徒になりすまし、携帯電話専用のアダルトサイトに転載したのだ。顔写真の下には「○○（名前）です。エッチしよう」と勝手に自己紹介コメントが書き込まれていた。

女子生徒はショックを受けていた。しかし匿名で書き込まれたため、斉藤も解決方法を思い付かない。「気にするな」としかいえない自分が歯がゆかった。

ニュースでは、「学校裏サイト」という言葉もたびたび耳にするようになった。

「まさか、うちの学校にはないだろう」

そう思うものの、念のため斉藤はインターネットで校名を検索してみた。そして愕然とする。全国の学校の生徒たちが情報交換する巨大掲示板サイトに、斉藤の学校の掲示板はあった。

「○年○組に可愛い子がいる」「見た見た」といった噂の書き込み。さらに、在校生個人の実名を挙げ「あいつウザい」「氏ね（死ね）」とののしる内容も目に付く。ネットいじめが、教師の知らない世界で潜行していることを思い知らされた。

斉藤が驚いたのはそれだけではない。ある生徒は、斉藤の同僚の男性教師になりすまし、その教師の実名を使ってブログを作成した。そして、「僕はホモ野郎です」などと、彼を揶揄するコメントを書き込んだのだ。激怒した教師は「すぐに消せ」と命じたが、生徒は「削除するためのパスワードを忘れてしまった」と言い逃れている。

インターネットという匿名の場は、教師さえも大っぴらな誹謗中傷の標的にするのか。斉藤は、薄ら寒さを覚える。

斉藤が担当する「情報科」は、高校普通科目として二〇〇三年に新設されたばかり。パソコンの使い方に加え情報モラルも教えるのが主な目的で、ネットいじめを防ぐためにも重要な役どころとなるはずの科目だ。しかし斉藤の学校は、情報科で指導する内容について、統一されたマニュアルや教科書を用意していない。情報科の教員たち、個々の裁量に任せているだけだ。そもそも学校側は情報科について、パソコンの操作を学ぶための科目と捉え、情報モラル教育に重きを置いていないという。

「学校の上層部は、インターネットのモラル教育をやらなきゃと思いつつ、やってない。第一、年配の教師たちはネットのことをよく知らないので、興味ないんですよ」

と斉藤は打ち明ける。

斉藤の学校の教師は五〇歳代と二〇歳代が多く、その中間が抜け落ちている。団塊の世代を多く採用し、その後は就職氷河期で採るのを手控えたため、年齢層に偏りが生じたのだ。このため、インターネットという新しいメディアの指導に関しては、斉藤のような若手の教師たちに丸投げされている。

情報科の新設に伴い、大学の教職課程では情報科の教員免許が取得できるようになった。斉藤も大学で免許を取った。それよりも前に教師になった人々が情報科免許を得たい場合は、現職と並行して講習を受ける。夏休みなどを利用し、一日五、六時間、二週間から三週間の受講で、情報科の免許は与えられる。そんな短期間で情報を教える技術が身に付くものかと、斉藤は疑問だ。しかもベテラン教師の中には、パソコンが得意にも関わらず、免許を取りたがらない者もいる。

「出世したい先生は講習を受けません。新しい分野に手を出して、失敗したくないんですよ」

呆れた口調の斉藤。学校のネット教育のお粗末さがもどかしい。若い自分が情報科を引っ張っていかなければ、と感じ始めている。

判断能力の育成が最重要

いま斉藤は、メディア教育関係者の研究会や情報科教員の集まりに、積極的に参加する。急スピードで発展するメディア環境について、最新の知識を仕入れるためだ。

授業では、生徒たちが陥りやすいネット上のトラブルを教え、モラルへの自覚を促す。

例えば、ある日の斉藤のクラス。一人につき一台が割り当てられた教室のコンピューターを使い、生徒同士でチャットをやらせてみる。各自の本名は出さず、年齢も性別も趣味も変え、全く別の人物になりきることがルールだ。その上で、「好きなミュージシャン」などをテーマにチャットで意見を交換する。

「中年の男性会社員」になりすました女子生徒や「女子小学生」になりすました男子生徒の間で議論が盛り上がってきたところで、斉藤は一人の生徒にこっそり「荒らして」と頼む。その生徒はわざと他の発言者の揚げ足を取ってみたり、罵倒してみたり。やられた方は反論し、感情的になり、ののしり合いへと突き進んで行く。それでもお互い、相手が誰なのかはわからない。授業だというのを忘れ、本気で怒る生徒もいた。

授業後の感想文で生徒たちは、「怖かった」「もうチャットはやらない」と書いた。斉藤はこの授業を通し、何を伝えようとしたのだろうか。

「文字だけによるコミュニケーションの、難しさと怖さを教えたかったんです。別人になりますのが、いかに簡単かということも」

別のクラスでは、パソコンを利用して看板をデザインさせたことがある。好きなメッセージを書き、そのメッセージを表現するイラストを添える。ある生徒は、木にぶらさげたヒモの輪に、人間が顔を入れている絵を描いた。傍らには「首つり禁止」の文字。それを見た他の生徒たちは笑っている。「死」を軽々しく扱い、笑いの対象にしている。これもネットやゲームの影響だろうか。斉藤は気味が悪くなった。

インターネットに関しては、生徒の方が圧倒的に詳しい。その事実をまず受け入れ、自分たち教師が勉強して彼女ら・彼らに追い付くしか、情報モラル教育の道はない。斉藤の目には、保護者も子どものネット事情を知らなすぎると映る。大半の生徒の親は、子どもの携帯電話にフィルタリングもかけていない。

ネットいじめを防ぐには、学校も保護者も、子どもに判断能力を育てることが急務だと斉藤は考える。

「フィルタリングで有害サイトを規制するのは、対症療法にしか過ぎません。どの情報が信用できるのか、いっていいことと悪いことは何か、などを判断する能力を身に付ける。これが、ネットを安全に使うために最も大事だと思います」

情報モラルの教え方は試行錯誤――私立高校女性教諭・三〇代

教師に携帯カメラを向ける

神奈川県内の私立高校に勤める田村和美（仮名・三〇代）。社会科を教えている。学校は携帯電話の持ち込みを認めている。校内では電源を切れ、といった決まりもない。

だが、やはり携帯電話に関しては、様々なトラブルが多発するのを田村は目にしてきた。ある生徒はモバゲー（モバゲータウン）で悪口を書き込まれ、校内で問題になった。モバゲーとは、携帯電話向けの無料ゲームサイトである。ＳＮＳ（ソーシャル・ネットワーキング・サービス）の機能が付き、参加者同士で日記を書いたり、メールを送り合ったりすることもできる。会員数は約九〇〇万人に上り、特に若者に大人気だ。高校生の三人に一人が登録しているとされる。

しかし、一部の会員の間では出会い系サイト代わりに使われている。二〇〇七年には、青森県の女子高校生がモバゲーで知り合った男に殺害される事件も起き、規制が叫ばれている。

「うちの学校でも、ついにモバゲー絡みのトラブルが起きたか」

と田村は驚いた。しかし、教師たちはモバゲーの何たるかすらわかっておらず、悪口も匿名で書き込まれたため、手の打ちようがなかった。

ネットいじめが、警察沙汰にまで発展したケースも起きている。田村は、別の学校に勤める知人の教師から次のような話を聞いた。

ある女子生徒が、仲がこじれた友人をインターネットの掲示板で中傷したというのだ。

「この女ブスで超うざい。殺してくれた方にお金たくさんあげます」

そんなコメントを、相手の実名と学校名と共に、いくつものサイトに書き込んだのだ。被害者の生徒は最初、そのことを知らなかった。ところが国語の授業で「パソコンで自分の名前を検索してみましょう」という課題が出され、検索してみたところ、書き込みを見つけてしまった。たまたま自分への悪口を目の当たりにした衝撃は、いかほどだっただろうか。

「犯人を突き止めて欲しい」と被害生徒の親は警察に告訴した。警察はその学校に捜査に入り、書き込みも解析して発信者の女子生徒を特定する。友人が犯人だとわかった被害者側は「犯罪者にはしたくない」と告訴を取り下げたが、学校側はこの生徒を謹慎処分にした。

もちろん、ネット上のトラブルを引き起こすのは女子だけではない。

自分を振った彼女に、嫌がらせのための携帯メールを送り付けた男子生徒もいる。「お前、クラスから嫌われてるの知らないの」などと書かれたメールを受け取った彼女は、怖くなった。「どうにかしたいんです」と相談を受けた田村の同僚が男子生徒に指導し、おさまったという。

これらネットに関する問題には、携帯電話が関与することがほとんどだ。田村の授業中でも、生徒たちは机の上に携帯を出しておき、片時も手放そうとしない。だが、全ての生徒が携帯を持ちたくて持っているわけではないと、田村は感じる。

「学校に携帯を持ち込むと勉強に集中できないので、本当は持ってきたくない生徒もいると思います。でもいまの子は、携帯がないと友だちとのコミュニケーションが取れません。友だち付き合いのために、仕方なく持っている印象を受けますね」

最近学校内で流行っているのが、ミクシィだ。前述のように一八歳未満の参加は禁止されているが、やはり簡単に年齢を偽ることができるので、生徒たちの大半が利用している。このミクシィが絡むトラブルも多い。

田村は、一年生のクラスの担任を務める。一学期が始まって間もない頃、女子生徒のミキ（仮名）が、クラスの男子生徒に「あいつウザい」とミクシィ内で書かれた。ミキはショックを受けたが、新学期だったため、クラス内に相談できる友だちもいない。彼女は、学校へこなくなってしまった。

田村は中傷をした男子生徒に注意し、「二度としない」と約束させた。ミキとも話をしようとしたが、直接会うことも電話をすることも嫌がる。メールでなら、連絡を取ってもいいという。

「電話は苦手なんです。いつ切ればいいのか、タイミングがわからないから。メールの方が気が楽」

とミキは語った。

田村に宛てたメールの中で、ミキはぽつぽつと心情を打ち明けた。ネットいじめに遭ったことを親には相談できないという。両親は教員で、日頃からミキに勉強のことなどを口うるさくいっていた。

「親は怖い。相談したって、どうせ私のことは信じてくれないから」

田村はミキの両親と話をしたが、「そんな学校は辞めさせる」の一点張りで、聞く耳を持たない。結局、ミキは半年間不登校を続けた後、退学した。

何とかしてミキを救ってやれなかったかと、田村は心残りだ。

「家庭でいつも親にビクビクしているミキには、コミュニケーションの力が育っていない。メールに逃げていたのも、そのためだと思うんです。親子関係がうまくいっていたら、別の解決方法もあったかもしれない」

校内にミクシィの利用者が増えるにつれ、教員も書き込みの対象になっている。授業中に、生徒が突然田村に携帯カメラを向ける。驚く田村の顔を写真に撮り、「きょうの田村先生」などとミクシィに掲載するのだ。これが学校中で一時ブームとなり、同僚の教師も、ほとんどが被害にあった。生徒たちに悪気はないようだが、嫌な気分である。

さらに、教師がプライベートで誰かと街を歩いていると、知らないうちに生徒に「フライデー」されることもよくある。「○○先生はこんな人と付き合っている」「どこそこを歩いていた」と写真と共にミクシィに載せられ、噂を広められてしまう。そもそも教師の顔というのは学校中の生徒に知られているのだから、いつもどこかで誰かに見られる可能性がある。これでは、おちおち外出もできない。「携帯が出回ってからというもの、私たち教師は生徒に監視されているような気がする。気持ち悪いです」

携帯やネットを使うに当たってのモラルを生徒にしっかり教えなければ、と田村は切実に思う。

ネット教育にもっと予算を

田村の学校では「情報科」の授業が、二〇〇七年度から週に一度の必修になった。だが、専任の教師はいない。数学科を担当する男性教員が兼任している。社会科担当の田村は、自分の授業でメディアの読み解き方も扱っているので、男性教員の相談に乗る。

前出の斉藤と同様、田村も自腹で、メディア教育に関する研究会に足を運ぶ。もちろん、授業作りに向けた情報収集のためだ。

宿題で調べものがあれば、オンライン百科事典「ウィキペディア」を丸写ししてくる生徒。

聴覚障害者を見かければ、その補聴器のアップを携帯カメラで撮影し、みんなで笑い合う生徒。そんな彼女ら・彼らにまず必要なのは、ネット上の信頼できる情報の見分け方や、他人を傷付けないためのモラルを身に付けることだ。パソコンの技術的な操作方法を教えるのは後でいい。その思いから田村たちは、インターネットの出会い系サイトなどを原因とする犯罪事例をビデオで紹介したり、チャットでディベートを体験させたり、メールの顔文字が相手に与える影響を考えさせたりと、思い付く限りの工夫を重ねてきた。しかし、どう教えれば最も効果的に生徒に伝わるかは、まだ試行錯誤の段階だ。

「理屈をただ説教すればいいのではない。ロールプレイでネットいじめの被害者の立場を味わうなど、生徒がモラルの大切さを体験することが大事」

と田村は考える。だが、それには週に一回の授業では不十分だ。情報科の授業は、毎回最初にパソコンの電源を入れるところからスタートする。しかし画面の立ち上げに時間がかかったり、調子が悪いパソコンが一台や二台はあったりして、授業の本編に入るまでに一〇分、一五分がすぐ過ぎてしまう。せめて授業を週二回に増やして欲しい、というのが田村の願いだ。

情報科を担当する男性教員は、数学科教員としての現職の合間をぬい、短期間で情報科免許を取得した。

「情報モラルを教えるなんてプレッシャーを感じるよ。嫌だなあ」

と不安がる。

やはり、きちんと情報科専任の教員を置くべきだと田村は思う。だが、教員を増やそうにも予算がない。金は校舎の建て替えなどに使われ、教員の増強にまでは回らないのだ。実際、田村の学校では教員の約四割を、給料の安い非常勤として雇っている。

インターネットや携帯に関するトラブルが急増する中、情報モラル教育が今後ますます重要になるのは目に見えている。学校側も悠長に構えず、一刻も早く本格的に取り組むよう田村は求める。

「情報科の授業では、ネットの怖さを教えることだけに終始したくはありません。個人でもブログなどで情報発信をすれば世論を喚起できる、といったネットが持つ良い面も教えていきたい。教師が授業作りに力を入れられる体制を、学校には十分に整えてもらいたいと思います」

（敬称略。プライバシー保護のため、設定や状況は実際と多少異なります。）

第3章　心の教育のためのネット・リテラシー

「ネットいじめ」とは、インターネットを使ったいじめのことだ。つまり、問題の大本は「いじめ」であり、ネットや携帯電話はその「手段」に過ぎない。

ネットいじめをなくしたいからといって、携帯を取り上げたりフィルタリングなどの規制をしたりするのは、対症療法でしかない。誰かを傷付けてやりたいと思う心がある限り、子どもはすぐにまた、新たないじめの方法を見つけるからだ。

理性が発達していない子どもは、人間の本性の残酷な部分を剥き出しにしている。「自分がされて嫌なことは、他人にすれば楽しい」年頃だ。だからこそ、「心の教育」が必要である。ネットや携帯があろうとなかろうと、相手を傷付けない思いやりの心を育むことが、いじめ対策には最も重要なのだ。その上で、ネットいじめに特化した対策としては、インターネットを使う際の判断能力やモラルを養う「ネット・リテラシー」を推奨したい。

現状は残念ながら、子どもを教育すべき大人たちが、いじめを助長するような意識を持っていることが多い。学校の情報モラル教育も、熱意と足並みが揃っていない。メディアからは、いじめのヒントを与えるような情報が流れてくる。子どもを取り囲む大人と、その大人が作った環境が、子どもたちにいじめ行為を許してしまっている。

ネットいじめを解決するために、私たち大人の意識、学校のネット・リテラシー教育、メディアの情報はどうあるべきなのか。

「子どもたちの心の育成」を最大目標と位置づければ、達成のための手がかりは自ら見えてくる。

1　大人の意識改革

いじめられる子が悪いのではない

いじめられる側にも原因がある、と本気で思う大人がいる。自己中心的、不潔、動作が遅い、などの「問題」がある子どもは、いじめられても「仕方が無い」のだと。

理由が存在すれば、人を傷付けてもいいのだろうか。その「いじめてもいい理由」は、誰が判断するのだろうか。

人間はみんな、一人一人違う。どんな性格も外見も、その子どもの個性だ。相手の言動が自分の好みに反するからといって、傷付けていい理由にはならない。「すべて国民は法の下に平等であって、差別されない」と定める日本国憲法を持ち出すまでもないように、人に傷付けられても仕方が無い理由を持って生まれてきた子どもなど、誰もいないのだ。

もちろん、嘘を付く、暴力を振るうといった、倫理にもとる言動を取る子どももいるだろう。そのような子には、教師や親が指導すれば良い。子ども同士で注意をすることもあるかもしれないが、注意することと、傷付けることとは別だ。「注意しても聞かないから、いじめてやろう」などと考えるのは、思い上がりもいいところだ。

人を傷付けていい権利を持って生まれてきた子どもも、いないのである。

しかし実際のところ、いじめをする子どもたちは、いくらでも理由をこじ付ける。あの子はイイ子ぶっているから。口に手を当てて笑うのがウザい。目つきがムカつく。

滋賀県教育委員会が二〇〇八年に行なった調査によると、ネットいじめをした経験がある小中高生のうち、理由として「相手が気にくわない」ことを挙げた者が約三六％と、最も多かった。つまり、自分の好き嫌いという非常に主観的な判断で、いじめ行為に及んでいる。度量が小さく、異質な他者を認められない心が育ってしまっているのだ。

私は中学生のとき、都会から地方へ転校した。転校生というのは誰でもそうだが、地元の子どもたちとは異なる雰囲気をまとっているので、いやでも目立つ。ある日、前髪をブローして横に流し、学校へ行った。当時芸能人の間で流行していた女の子憧れのヘアスタイルだが、ブローが難しいので、同級生でしている子はほとんどいない。

翌日、靴箱に手紙が入っていた。くしゃくしゃに丸められたそれを広げると、乱暴に書きなぐられた文字が目に飛び込んできた。

「そんな髪型、二度としてくんな」

怒りや悲しみよりも、私にわき上がった感情は「驚き」だった。明らかに同級生の女子グループが書いたと思われるその手紙。なぜ彼女たちは、私に命令しようとするのだろうか。自分にそんな権限があるとでも思っているのだろうか。いったい、何様のつもりか。

生徒指導の教師に髪型を注意されるならわかるが、対等であるはずの同級生がこちらをコントロールしようとする行為には、納得がいかなかった。彼女たちもまた、自分が気に食わないという「理由」があれば、嫌がらせをしてもいいと思ったのだろう。

何であれ理由付けをしていじめ行為に及ぶ子どもが後を絶たないのは、大人に責任がある。冒頭のように、「いじめられる側にも原因がある」と信じ込む大人が多いからだ。子どもは大人が思うより、ずる賢い。いじめる標的を決めたら、その子どもを孤立させ、授業中にも恥をかくように仕向ける。「あの子はいじめられるに値する」というアピールを巧妙に行なうのだ。それに大人も引っかかってしまう。実際に私はある中学校教師が、「いじめられる子って大抵ちょっと変わっていて、問題があるんですよね」と言い放つのを聞いたことがある。

いじめ被害に遭った生徒を黒板の前に立たせ、「この子の性格で、直してもらいたいところはどこか」と加害生徒たちに問いかける教師。笑い方を「直し」たって、今度は給食の食べ方が理由でいじめられるだけなのに。

いじめられていることを子どもに打ち明けられると、「あんたにも悪いところがあったんじゃないの」と問い詰める親。子どもは二度と相談しないだろう。さらに酷いいじめに遭ったとしても。

極め付けは、国の考え方だ。二〇〇六年一一月の参議院文教科学委員会で、伊吹文明文部科学相(当時)はこういった。

「いじめられる側にも、その子どもの性格などに起因するものが全くないとはいえない」

他の国会答弁でも、「いじめられる家庭にも問題がある」といった趣旨の発言をしている。教育行政のトップがこの調子では、「理由があればいじめてもいい」と子どもにお墨付きを与えているようなものだ。

繰り返すが、人はみんな違って当たり前である。性格や外見の差異をいじめの口実にさせるのではなく、多様性を認め合うことを教える。それこそが、心の教育であるはずだ。

弱いからいじめられるのでもない

いじめられるのは弱い子だ、と信じ込む大人がいる。力が弱いから、いじめ返す「強さ」がないから、性格が暗いから、だからいじめられるのだと。

これも、間違いだ。

「弱い子」という表現には、情けなさや、意気地のなさといったイメージが付きまとう。だが、そもそも何をもって「弱い」と決め付けるのだろうか。

いじめを苦に自殺した前出の古賀洵作さんは、背が高くがっちりした体型で、柔道が得意だった。福岡県筑前町で二〇〇六年に、いじめられ自殺した森啓祐《けいすけ》さん（当時中学二年生）は、空手に長けていた。しかし二人とも自分の力を、いじめてくる相手を傷付けるために使おうとはしなかった。

二人は、「意気地なし」だったのだろうか？

洵作さんも啓祐さんも、人の痛みを思いやる心を持っていたのだ。自分の力を使えば相手を傷付けることがわかるから、いじめの標的にされても、けんかには応じなかった。彼らは弱いどころか、

「強さ」と「優しさ」を兼ね備えていたのである。

一九九七年、長野市の当時中学一年生、前島優作さん（当時一三歳）は、やはりいじめを受け自らの命を絶った。運動能力が抜群で明るい性格の優作さんは、学校の人気者だった。

優作さんの父親はあるインタビューで、息子が死を選んだ理由を「強すぎたから」と推察している。本当に「弱い子」は、いじめなどの悩みを抱えれば、身体に何らかの不調をきたしたり学校に行きたがらなくなったりする。それがサインとなって、周囲も気づく。だが「強い」子どもは悩む素振りを見せることなく、一人で自分の苦しみと闘い、耐えようとするのだ。

「いっそ弱い子に育てていれば、助けてやれたのに」

と父親は悔やむ。

勉強ができても、容姿が良くても、明るい性格で友人が多くても、武道に秀でていても、いじめのターゲットになり得る。こういった子どもは、むしろその優れた点が周囲の嫉妬や反感を買い、集団から疎外されてしまうのだ。ある女子高校生はいう。

「いじめられっ子って、誰でもなるような気がする。下手に目立っている子とか、浮いてるなって客観的に見られてる子。なんでみんながその子のことを浮いてるって思うのかはよくわかんないけど」

つまり、子どもたちは明確な基準などないまま、いじめる相手を気分次第でピックアップしているということだ。

一方、いじめられるのは弱い子だという思い込みから、「いじめられたらいじめ返せ」と我が子にけしかける親がいる。「強さ」の意味を履き違えているのだ。

やられたらやり返す、という考え方は、傷付け合いの応酬という「負の連鎖」しか生まない。本当の強さとは、自分の行為が相手の心に与える痛みを想像する力を持ち、負の連鎖を自分のところで食い止めようとする「勇気」と「優しさ」である。

ところがいまの日本で生き抜くには、この強さ、優しさがアダとなる。いじめに遭い自殺した全国の子どもたちを取材すると、大半の子は人一倍優しく、感受性が豊かだ。その優しさに付け入れられ、いじめられ、自らの命を絶たざるを得ない状況に追い込まれている。

このような社会を作ったのは、いじめられる子に「弱い子」とレッテルを貼った大人たちだ。

前述のように文部科学省は二〇〇五年度まで、いじめの定義を

「自分より弱い者に対して一方的に、身体的心理的攻撃を継続的に加え、相手が深刻な苦痛を感じているもの」

としてきた。いじめられる側を「弱い」と決め付けているのである。文部科学省はこの定義を、一

九八五年から実に二〇年間にわたり、運用し続けた。

先の伊吹文科相（当時）による「いじめられる側にも問題がある」発言といい、この国の教育行政を司る組織全体が、いじめの本質を見誤ってきたことは否定できない。

さらにメディアでも、いじめ自殺が報道されるたびに「有識者」と呼ばれるコメンテーターが登場し、文部科学省と同様のメッセージを繰り返してきた。年配男性を中心とした彼らコメンテーターは、「いじめは昔、私たちが子どもの頃もあったが、強ければいじめられない。いじめられる子の方が弱いのだ」という趣旨の放言を、テレビ、ラジオ、新聞などで展開する。

こうして、「いじめられる子＝弱い子」とのイメージを世間に定着させた大人の罪は重い。このイメージは逆にいえば「いじめられないためには強くなれ」と子どもにプレッシャーをかけている。その「強さ」とは、殴られたら「負けずに」殴り返せ、悪口を言われたら言い返せ、という類のものだ。このような教えを受けた子どもたちは、「強く」あろうとするあまり、他人の痛みを思いやる余裕をなくす。いじめられる前にいじめよう、とすら考えるだろう。殴り返してこない「弱虫」は格好の餌食だ。他人を踏み付けてでも生き延びようとすることを良しとする社会は、人を傷付けない勇気や優しさといった「真の強さ」を持つ子どもたちにとって、生き難いものとなっている。そもそも、いじめのほとんどは一人に対し集団で行なわれるのだから、被害者は抵抗する気力も奪われてしまうのだが。

いじめ自殺で我が子を亡くした遺族は、周囲から「あの家のお子さんは弱かったから仕方ない」と陰口を叩かれる。だが、自分の子どもは弱かったなどと思う遺族は一人もいない。

横浜市で一九九八年、当時高校一年生の小森香澄さんが、同級生からのいじめを苦に自殺した。香澄さんは亡くなる四日前、母・美登里さんにこんな言葉をつぶやいた。

「優しい心が一番大切だよ。その心を持っていないあの子たちの方が、かわいそうなんだ」

加害者への怒りや恨みといった感情を超越し、逆に哀れんでやるほどの優しさを、香澄さんは持っていた。なぜこの社会では、優しい子どもが死ななければならないのか。優しすぎてはいけないのか。

「優しい心が一番大切」という香澄さんの思いを伝えようと、美登里さんはいま、全国の小中高校で講演を行なう。

また、「いじめられる子＝弱い子」というイメージは、さらに大きな弊害をもたらしている。いじめられた子どもから、被害を訴える意欲を失わせるのだ。

「死ぬぐらいなら、誰かに相談すればよかったのに」

いじめで自殺と聞くと、世間はこのように口を揃える。まるで、声を上げられなかった被害者にも落ち度はあるとでもいいたげだ。しかし、考えてもみよう。「いじめられっ子」に、弱さ、情けなさ、恥ずかしさのレッテルが貼られている限り、誰が自分をそこに当てはめたいと思うだろうか。思春期は自意識の塊である。自分がいじめを受けていることを、親や教師、友人に知られるのは、屈辱に他ならないのだ。

中でもとりわけ、最も近しい存在である親にはいえない。外の社会で「いじめの対象」として扱われているのだから、せめて家庭でだけは「普通の子」でいさせて欲しいのだ。「うちの子どもは楽しく学校へ行っている」と親に信じさせてあげたい、心配はかけたくない、という心理も働く。

学校では、教師がいじめられっ子に対し「嫌なら嫌とはっきり相手にいいなさい」と指導することがある。いじめ自殺が発生した学校の担任らは「被害者が笑っていたので、ふざけ合いとしか思わなかった」と弁明する。これらも、いじめに対する的外れな見解だ。被害者は、笑うことで自らの尊厳を保とうとしているのだ。相手の言動に「嫌だ」と怒るのは、自分が受けている行為が「いじめ」であると認めることを意味する。笑って流すことで、「自分はいじめられてなんかいない」と周囲にPRするのである。もちろん、「いじめられっ子」へのネガティブなイメージが原因だ。しかも、嫌がったり怒ったりすれば、相手の思うツボである。加害者は、被害者の困った顔を見たくていじめているのだから。笑顔で「こんなの平気」という素振りを見せるのは、被害者の精一杯の抵抗だ。

「いじめられる側にも問題がある」という見方もまた、被害者のためらいに追い討ちをかける。いじめを相談しても、自分が責められるのではないか。自分に悪いところがあるのではないか。自分が我慢するしかないのではないか。そう思って萎縮し、口をつぐんでしまう。

ネットいじめの件で私が取材した女子中高生たちは、ネットいじめに遭ったことを親や学校にはいいたがらない。第2章に登場したサトミのように、自分はいじめなんか気にしないんだと強がりたい、哀れまれると惨めになる、というのが理由だ。

ある女子高校生は、こう語る。

「いじめられていることを親や先生にいって、『こういうことがありました。止めて下さい』ってなるよりは、自然に薄れていった方がいい。表沙汰になって学年集会みたいになるのは、すごく面倒くさいと思うんだよね。自分の名前が出て、ネットいじめに遭っていることを大勢の人に知られるのが嫌。全然知らない子からも『あー、あの子ネットいじめに遭ってる子だ』って見られてしまうでしょ。それにはすごく抵抗がある。いじめに遭ったって思われるのは屈辱だから」

いじめられる子どもに対する、文部科学省を始めとする大人たちの見当違いの思い込みが、被害を訴えにくい雰囲気を作り上げている。本当にいじめを無くしたいのなら、子どもが堂々と安心して声を上げられる環境を、まず大人たちが整えなければならない。

いじめが人生に与える影響の大きさ

「たかがいじめ」、と軽く考えるべきではない。いじめを受けた体験はときに、被害者の人生を狂わすほどの影響をもたらす。このことを、まずは大人がしっかり認識し、子どもに教える必要がある。

いじめられている真っ只中に、子どもの心身には変化が起きる。

いじめが始まると、被害者は勉強に集中できなくなる。帰宅して宿題をしようとしても、その日に受けたいじめを思い返しては怒りと悔しさで体が振るえ、明日もまたいじめに遭うことを想像しては絶望的な気分になる。とても勉強など手に付かない。もちろん、学校での授業中も加害者からの視線が気になる。教師の目を盗んでコッソリちょっかいを出されることもある。二四時間中傷メールが届くネットいじめの場合はなおさら、携帯が気になって勉強どころではない。

その結果、いじめ被害者の多くに見られるのは、成績の低下だ。いじめを苦に不登校になれば、学校の勉強についていくことは、さらに難しくなる。精神的にも、不眠や食欲不振、情緒不安定といった症状が表れる。受験が控えていれば、本来入れるはずだった第一志望の学校に落ちることもある。これだけでも、子どもの将来を左右する一大事だ。さらに、第2章の中山碧さんのように退学や転校を選んだ場合は、家族が経済的な犠牲を払うことも強いられる。

日本の子どもの学力低下が問題になる中、文部科学省は学習指導要領の改訂で、ゆとり教育の見直しなどを打ち出している。だが、これは後手へ回った対応に過ぎない。全国の学校からいじめをなくすだけで、子どもの学力は相対的に向上するだろう。逆にネットいじめのような、被害者へのダメージがより大きいいじめが今後も広がるのであれば、学力の低下は止まらないと思われる。

いじめが被害者に影響を与えるのは、実際にいじめが起きている時期だけではない。いじめが収まっても、被害者にはトラウマ（精神的外傷）が残る。トラウマとは、著しい苦痛や危険に直面したことによる重い心の傷で、これが原因でＰＴＳＤ（心的外傷後ストレス障害）を発病し、強烈な不安や恐怖感に長い間苦しめられる場合もある。

川崎市では二〇〇七年、小学校時代のいじめでＰＴＳＤになったとして、高校一年の女子生徒と両親が同級生の両親計四人に損害賠償を求めた訴訟で、四人に一〇〇万円の支払いを命じる判決が出た。女子生徒は小学三年生だった七年前、同級生二人から殴る蹴るなどの暴力を振るわれたり、中国人の父と日本人の母を持つことについて「中国人」「ハーフだからいけない」などとはやし立てられたりした。女子生徒は不登校になり、その後ＰＴＳＤと診断された。加害者側からは「いじめられる側の家庭に問題がある」などと誹謗中傷を流され、転居を余儀なくされたという。

加害者側は、軽い気持ちで行なったいじめが、裁判や賠償金の支払いといった事態に発展するとは思ってもみなかったことだろう。それだけ、いじめが被害者の心に与える傷は深い。この女子生徒はいじめから七年が経過したいまも、通院を続けているそうだ。いじめられた記憶は、時が経てば忘れられるものではない。当時の辛さや悔しさ、怒り、恐怖といった感情と共に、心の底に澱のように溜まる。私ですら、髪型に関する一時的な嫌がらせを二〇年が経ついまも覚えているくらいだ。日常的に酷いいじめを受けた被害者のフラッシュバック（記憶の再体験）や、悪夢による苦しみは、相当なものだろう。

いじめが原因で、うつ病や統合失調症を発症するケースもある。

京都市の市立中学三年生だった男子生徒は二〇〇七年、ネットいじめに遭い、うつ病になった。転校したばかりで、「友だちを作りたい」とブログを立ち上げたところ、同級生から「ばか」などと書き込まれ、さらに携帯電話にも「死ね」「顔面凶器」などとメールが送り付けられたという。男子生徒は学校へ行けなくなり、うつ病を発症した。

広島市では同年、中学時代のいじめが原因で統合失調症になったとして、元生徒（当時一九歳）と両親が同級生四人と保護者、市などに損害賠償を求めた訴訟の判決があった。広島地方裁判所はいじめと統合失調症との因果関係を認め、被告側に計約八三〇万円の支払いを命じた。元生徒は市立中学二年生だった六年前に、同級生から首を絞められたり石を投げられたり、万引きを強要されたりするいじめを受けた。その後、やはり不登校になり、統合失調症と診断されたという。

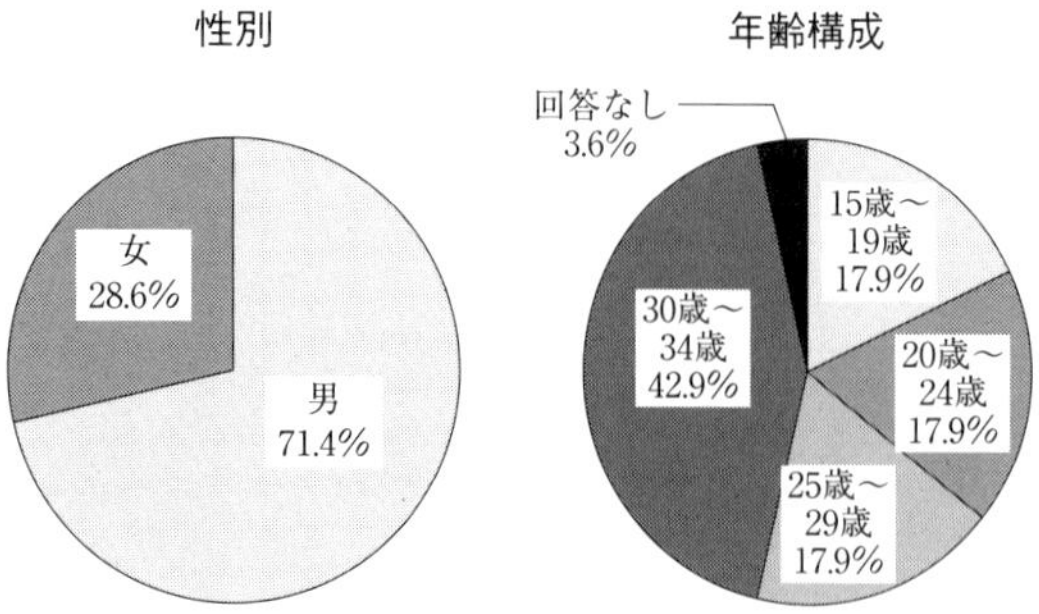

図2　引きこもり群の性別と年齢構成

出所：東京都（2008年）

裁判や報道で表沙汰になる事例は、氷山の一角だろう。子どものときにいじめを受けたために、大人になってもＰＴＳＤやうつ病、統合失調症を抱えている人はかなりの数に上ると思われる。

東京都は二〇〇八年二月、社会参加せずに自室にこもる「引きこもり」に関する調査結果をまとめた。それによると、都内在住の一五歳から三四歳の若者のうち、推計で計二万五〇〇〇人が引きこもりの状態にあるという。年齢層は、三〇歳から三四歳が四三％と最も多い。

引きこもり状態の若者において、「不登校」と「いじめ」の経験者はそれぞれ四割を占める。一般に不登校の約七割はいじめが原因とされることを考慮すれば、引きこもりになった者の大半が、いじめの被害者であると推測される。昔のいじめが原因で、精神的な病気や対人恐怖、人間不信に陥り、三〇歳を過ぎても就職もできないでいる実態が浮かび上がってくる。心から笑い合える仲間も、年齢に見合う社会的な地位も収入も、得られていないのだ。

表2　引きこもり群の学校での経験など

	引きこもり群	一般群
信頼できる友達がかなりいた（いる）	21.4%	53.6%
友達とよく話した（話す）	42.9%	80.6%
友達がひとりもいなかった（いない）	10.7%	1.1%
不登校を経験した（している）	35.7%	5.3%
友達にいじめられた（いじめられている）	39.3%	18.0%
学校の勉強についていけなかった（いけない）	53.6%	15.0%
学校の先生との関係がうまくいかなかった(いかない)	35.7%	10.7%

注：一般群＝引きこもり状態でない若年者
出所：東京都（2008年）をもとに作成

いじめは、被害者の学校生活を悲惨なものにするだけでなく、その後の数十年にわたる人生をも破壊してしまう。自殺に追い込まれる場合はもちろん、そうでなくても、心の一部を殺されたも同然だ。被害者を支える家族も生涯、辛さと悲しみを背負うことになる。特に地方に住んでいる場合は逃げ場がない。繁華街がひとつしかないような町では、学校を卒業した後も、昔いじめられた相手に出くわしてしまう。バイトをしようにも、自分がいじめられていた過去を知る人間に会うかもしれないと思うと、怖くて外に出られない。ますます引きこもってしまう。

なお、引きこもり状態にある若者の実に七割を、男性が占めるという調査結果にも注目したい。日本の社会が、ジェンダー（社会的・文化的な性のありよう）の意識に基づき、男性に過剰なプレッシャーをかけていることが原因と見られる。すなわち、「男は強くあるべき」「男はいい大学へ行って一流企業に勤めろ」「男はしっかり稼いで妻子を養え」といった家族や周囲からの期待が、男性にはのしかかる。このようなジェンダーによる偏見は、男性にとっては大きなストレスだ。いじめや不登校によって「男らしく」あることができなくなった男性は、自尊心を傷付けられ挫折感を味わい、社会に出ることが怖くなる。

東京都は調査結果を受けて、

「引きこもりの予防や対処方法を検討したい」

と述べている。自立支援などの対策も必要だろうが、いじめや社会のジェンダー意識の偏りを改善しないと、根本的な解決にはならない。

さらに最近は、いじめの被害者や引きこもりの男性が凶悪事件を引き起こすケースも増えている。とりわけに世間に衝撃を与えたのは、二〇〇〇年に佐賀県の少年（当時一七歳）が起こしたバスジャック事件だろう。少年は中学時代、制服をカッターナイフで切り裂かれたり、体にあざを付けられたりするいじめを受けていたことが明らかになっている。高校入試の直前には同級生に筆箱を隠され、「返して欲しければ校舎から飛び降りろ」と命令された。二階から飛び降りた少年は腰の骨を折る重傷を負い、第一志望の高校を受験することができなかった。そして自宅に引きこもるようになり、犯行に及んだのだ。

少年は犯行動機について「社会を見返してやりたかった」と供述している。いじめは、相手をバカにし、からかいや暴力の対象とすることで、その尊厳を奪う。精神的・肉体的な虐待に等しい行為だ。いじめを受けた被害者が加害者に対して、もしくはいじめの存在を許している社会に対して、復讐心や殺意を抱くのは決して特殊なことではない。いじめは、それほどまでに人間の心を深くえぐり、強い怨念を植え付けるのだ。

二〇〇八年一月に東京都品川区の商店街で、通行人を相次ぎ切り付ける通り魔事件を起こした当時高校二年生の少年（当時一六歳）。やはり中学時代にいじめに遭い、転校を強いられた。少年は商店街で包丁を振りかざしながら「なめるんじゃねえ」と叫んだという。いじめによって自分が見下された、なめられたという憤怒がうっ積していたのだろう。

この二ヵ月後にはＪＲ岡山駅で、当時一八歳の少年がホームにいた男性を突き落とした。本当は、誰でもいいから刺し殺すつもりだったという。少年は、小学校から中学校卒業までの長期にわたり、いじめられていた。トイレに入っていたらドアを開けられる、ゲームソフトを取られる、といったことを日常的にやられていた。「いつかやり返したるねん」と口走ったこともあったという。

もちろん、いじめの被害にあったことが、罪のない人々を無差別に攻撃する免罪符になるわけでは断じてない。いじめ以外にも要因はあるだろう。自分の傷と正面から向き合い、マイナスのエネルギーをプラスに変えることができていれば、違った結果になっていたかもしれない。

しかし凶悪事件を引き起こした若者の多くが、過去にいじめに遭っていたという事実を、私たちは重く受け止める必要がある。いじめの加害者は自分たちの行為を「冗談だった」と弁解する場合がほとんどだ。彼らがほんの冗談のつもりでやったことが、未来の犯罪者を生み出す可能性がある。さらに、無関係な一般の人々までをも事件に巻き込み、人生を狂わせる結果にもなるのである。

だからこそ、いじめてはいけないのだ。いじめの加害者には、猛省を促したい。同時に教師や親も、いじめが相手の一生を左右するほどの苦痛を与えるということを、子どもたちにきちんと教えこまねばならない。

山形県で二〇〇六年、カメラ店を経営する一家三人が殺傷された。犯人は、遠縁に当たる会社員の男（当時二五歳）。殺害された一人の男性（当時二七歳）から、裸にされたり、体を触らせられたりする性的ないじめを小学校高学年の頃に受けていた。「性的いじめを受けた怒りと悔しさを一〇年間引きずり続けて、辛かった」と述べている。

殺害された男性は、近く結婚する予定だった。長い間自分を苦しめてきた相手が、結婚して幸せな家庭を築こうとするのを、犯人の男は許せなかったのだろう。殺人罪などに問われた男は、裁判で検察側から死刑を求刑された。だが判決で山形地裁は、「犯行に、一〇年以上前の性的暴行が大きく影響していることは否定できない」として、無期懲役を選択した。

自分がいま軽い気持ちでいじめている相手は、数十年後に、思いもよらぬ形で反撃してくるかもしれぬ。子どもたちを加害者にしないために、被害者の痛み、被害者の家族の悲しみ、被害者の将来にまで配慮できるような想像力を、養わせる必要がある。

2 ネット・リテラシーと情報モラル教育

カナダのネット・リテラシー

ネットいじめ防止プログラム

ネット・リテラシーとは、インターネットが持つ特質を理解し、そこに溢れる情報の善悪・真偽を自分の頭で判断し、使いこなす能力である。ネットいじめが日本よりも早く広がった北米では、このネット・リテラシー教育の取り組みも進んでいる。

「ネットいじめとは、個人もしくは集団で情報コミュニケーション技術を利用し、他人を傷付ける行為を指す」。世界で最初にネットいじめ（英語ではCyberbullying）をこう定義づけたのは、カナダの教育者、ビル・ベルセイ氏。カナダは、一九八七年に世界で初めてメディア・リテラシー（メディアを読み解く能力）の育成を学校の授業に取り入れるなど、メディア教育先駆けの国だ。そのカナダが取り組むネット・リテラシー教育とはどのようなものなのか、紹介しよう。

子どもたちの三人に一人はネットいじめをしたことがある、という実態が二〇〇八年三月、トロント大学の調査で浮かび上がった。調査は、トロント市の小学六年生から高校二年生を対象に行なわれ、ネットいじめの被害を受けた子どもも五人に一人いた。その内容は、ネット掲示板やSNSを使った悪口や脅し文句の書き込み、不愉快な画像の送付など、日本でも行なわれている類のものだ。そしてネットいじめの約七割は、友人や顔見知りの同級生の間で発生するという。

「ネットいじめは、見知らぬ人間から匿名で行なわれると思われがちですが、実は子どもたちの狭い人間関係の中で起きています。被害者は、誰からやられたかを知っているのです」

と、調査を担当したフェイ・ミシュナ准教授は指摘する。

前年に行なわれた同様の調査では、

「インターネット上であれば、面とむかってはいえないひどい言葉もいいやすい」

「パソコンを取り上げられたくないので、ネットいじめに遭っても親にはいわない」

と子どもたちが考えていることも明らかになった。

このような現状において、カナダ政府はネット・リテラシーを子どもたちに身に付けさせようと、メディア教育専門のＮＰＯ法人「Media Awareness Network（ＭＮｅｔ：メディアを知るネットワーク）」に指導を委託している。ＭＮｅｔは教師や保護者の意見を取り入れたネット・リテラシー教育のためのプログラムを作成。学校現場の「情報コミュニケーション技術科」などの授業で使われている。

ネット・リテラシーと一口にいっても、子どもが責任を持てる範囲で安全にインターネットを使用できるようにするには、教えるべきポイントが山のようにある。ＭＮｅｔのプログラムから、いくつか例を挙げよう。

まず基本は、ウェブサイト。サイトに記された情報は根拠のないものも多く、一概に信じてはいけない。特に、不特定多数が集う掲示板には、個人の推測や思い込みによる書き込みが目立つ。悪意に満ちたコメントや感情的なコメントも頻出するが、いちいち真に受けていては神経が持たない。ネット上の情報に対しては距離を置き、客観的に読み解く「理性」を育てる必要がある。

「このサイトは何のために作られたのか――情報提供か、何かを販売するためか、娯楽のためか、意見の主張か」「このサイトは誰が作ったのか――企業か、個人か、官公庁か」といったことに常に注意を払わせよう。企業や個人のサイトには、宣伝のための偏った情報や主観が含まれているからだ。公共機関による情報も、誇張や偏りがないわけではないのだが、少なくとも公式情報としての利用価値はある。

また、ひとつのサイトだけを見てそこに書かれた情報を信用するのではなく、同じ情報が複数のサイトに出ているかを調べるよう指導しよう。その情報がよほどの「特ダネ」でない限り、多くのサイトに記載されているほど信ぴょう性が高い。「○○調査機関によると」という形でデータが載っていたら、必ずその情報の出所（○○調査機関）を辿り、間違いがないかを自分の目で確認する。

名前やメールアドレス、電話番号といった個人情報はサイトに提供させない。もしどうしても提供する必要がある場合は、そのサイトの「個人情報の取り扱いについて」といった注意書きをよく読み、自分の個人情報が第三者には漏れないことを確認させる。

担任と生徒たちで、クラス専用のブログなどを立ち上げるのもいい。クラス内の活動や宿題に関する情報交換や、保護者への連絡網として活用する。生徒たちに交流の場を与えることで、学校裏サイトを別に作るのを防げるかもしれない。

電子メールについては、迷惑メール防止機能を使うことや、中傷メールが届いた場合は特定のアドレスからの着信を拒否できること、を教える。見知らぬ人からのメールには返信しない、そのようなメール中のリンクは、出会い系サイトや詐欺サイトにつながるかもしれないのでクリックしない。「このメールが今後不要な人はその旨返信してください」と書いてあるメールも多いが、返信するとそのメールアドレスには使用者がいることがわかられてしまい、さらに迷惑メールが届くようになる。

チェーンメールは自分のところで止めてもバレないので、すぐ削除するように、とも。

携帯電話のメールに関するトラブルは、カナダでも深刻だ。学校での試験中に生徒たちが携帯メールで答えを送り合い、カンニングしようとした行為が問題になったこともある。携帯メールによる誹謗中傷も多い。MＮｅｔは、自分のメールアドレスを見知らぬ人に教えたり、ネット上に書き込んだりしないよう警告する。もしも嫌がらせのメールを受け取った場合は、返信せずに無視すること、できるだけ早く教師や親、警察に報告することを呼びかける。

ＳＮＳ（日本ならミクシィやモバゲー）、チャットルームなどは、見知らぬ不特定多数の人とも交流が可能なぶん、危険も多い。子どもに性的な危害を加えようとする大人は、これらのサイトで「獲物」を狙っているのだ。ネット上ではプロフィールを偽ることが可能なので、五〇歳の男性が一四歳の女子中学生のフリをして、近づいてくることもある。そして、子どもから住所や学校名を聞きだそうとするのだ。やけにしつこく細かい質問をしてくる相手は、怪しい。

ＳＮＳやチャットでは決して自分や家族の個人情報を明かさず、ニックネームも、女か男かわからない中性的な名前を付ける方が良い、と指導しよう。多くのチャットルームでは、自分が書き込んだ内容が半永久的に保存されるということも、忘れてはならない。ひとたび書き込まれた情報は簡単にコピーされて様々なサイトに広がっていき、止めることができない、というネットならではの特性も教える必要がある。

ネット上で知り合った人と実際に会うことは、保護者同伴でない限り禁止する。会ったことがきっかけで、子どもが性犯罪や殺人事件に巻き込まれるケースは多発している。これらのニュースを子どもにも伝え、情報を共有することが大事だ。

なお、教師自身も個人的にミクシィやモバゲーに参加して、その仕組みや使い勝手を体験しておくと、より説得力のある授業ができる。私が以前、中部地方の高校教師が集まる場で講演した際、会場の参加者にミクシィ会員がいるかを尋ねた。すると挙手したのは教師約三五〇人中、二人だけ。これでは生徒にSNSの危険性を指導しようにも、何から教えていいかわからないのは当然だろう。

そして、文字のみによるコミュニケーションの落とし穴も、伝えておかねばならない。ネット上やメールでは、冗談でいった言葉が相手を傷付けることもある。自分の表情も声のトーンも、相手にはわからないからだ。しかも文字は保存され、繰り返し読むことができるため、言葉でいわれたときよりも相手は心を痛めてしまう。文字だけでやり取りするときは、顔文字を駆使したり文章表現に気を付けたりして、自分の気持ちが正しく伝わるよう工夫する必要がある。実は面と向かってのコミュニケーションより、よっぽど難しいのだ。例えジョークでも、相手を侮辱する表現などは文字だけだと誤解を招きやすく、避けるべきである。

このようにインターネット上でも現実社会と同様に相手の気持ちを思いやり、礼儀正しく接するというのはネット版のエチケット、すなわち「ネチケット」だ。ＭＮｅｔは、インターネットが子どもたちのエチケットや倫理感を低下させたと指摘する。ネット上では、自分の行為が相手にどのような影響を与えるかが、明確にわからない。目の前にしているのは人間ではなく、パソコンや携帯の画面なので、相手の反応が「ピンとこない」のだ。その結果、相手の気持ちに共感したり、自分の行為に後悔したりする感情が弱くなる。先のトロント大学による調査が明らかにしたように、「インターネット上であれば、面とむかってはいえないひどい言葉もいいやすい」と子どもたちは考えている。ネットでは、自分の行為の重みや相手の反応に対して、実感がわかないのである。だからこそネチケットの指導は、ネットいじめを防ぐ教育の根幹だ。

いじめも差別も許さない

ネットいじめの対策には、ここに述べた基本的なネット・リテラシーを子どもに身に付けさせると同時に、「いじめ」を許さない雰囲気作りに学校全体が取り組むことが必要である。ＭＮｅｔのプログラムはネットいじめを「どの生徒にも起こりうること」と位置づけ、学校と教師は、先手を打って予防策を取ることが最も重要と提唱する。それらは、次のような内容だ。

まず学校は、パソコンや携帯電話を使った嫌がらせは許さない、という強い姿勢を盛り込んだ方針を明文化すること。いま流行りの「学校マニフェスト」を作成してもいいだろう。そして、全校挙げて「ネットいじめ防止キャンペーン」を展開する。生徒にポスターを作らせ、ネットいじめに関する経験談や意見を交換する場を設ける。保護者や地域住民、警察の協力も仰ぐと、より効果的だ。後述するが、日本でも地域ぐるみでネットいじめ対策に取り組む町があり、成果を上げている。

生徒だけでなく保護者に向けても、保護者会やワークショップを開くなどして、ネットいじめとネット・リテラシーを理解してもらう。親は子どもに最も近く、パソコンや携帯電話を与える立場にある。ネットをめぐる知識を深めることは不可欠だ。家庭でできるネット利用のルール作りを、第4章で詳述しよう。

また、ネットいじめの本質は「いじめ」であるため、従来のいじめ防止教育も強化する必要がある。MNetは、いじめを発生させない教室作りに向けて教師に求められるポイントとして、以下を挙げる。

・生徒や保護者との信頼関係を築く
・適切な言動の規範を、事あるごとに生徒に伝える
・暴力によるいじめだけでなく、言葉や無視によるいじめにも敏感になる

・校庭に死角を作らないなど、生徒たちに効果的に目配りできる環境を整える
・いじめの仲裁では、被害者の安全を守ることを最優先する
・授業にグループワークや校外での活動を多く取り入れ、クラスへの帰属意識とコミュニケーション技術を高める

そして最も大事なのは、子どもたち自身にモラルの発達を促すことだ。相手を傷付けるようなことや、教師や親に見られたら困るようなことはネットに書き込まない、と教えるのは基本。さらに指導すべきは、「ネットや携帯を使うときは、責任の取れる範囲で」。使用料が自分の支払い能力を超えないのはもちろんのこと、自分の書き込みのせいで相手が転校したり精神的に病んだり、最悪の場合命を絶ってしまったら、責任が取れるのか、を問いかけよう。人の人生をメチャクチャにする権利は誰にもない。ネット上の自分の言動が相手に与える影響を想像させ、「責任ある使い方とはどのようなものか」を考えさせる。

相手の痛みを理解する心を育てる、という目的に徹底的に沿った授業を、カナダのある小学校が実践し、話題になった。ケベック州にあるその小学校は、「差別を体験させる授業」を行なったのである。

ある日、女性教師が「背が低い人は、背が高い人よりも優秀だと科学の本に書いてありました」と クラスの児童たちに話した。そして、児童を一定の身長より高い者と低い者の二グループに分ける。背が高いグループの児童たちには、赤いベストを着せた。授業では、背の高い子が黒板で問題を解くと、「ほらね、字が汚いでしょう。やっぱり、背が高いからね」と教師。背が低い子どもたちはクスクス笑いをもらす。

教師は、背が低い子には「休み時間の五分前には教室を出てよい」「雪遊びをしてよい」といった特権を与えた。「不公平だ！」と背の高い子どもたちが抗議しても、「だって背が低い子は優秀だもの」と取り合わない。背の高いグループには、悔しさと悲しさで泣きだしたり、怒りだしたりする者も出てきた。「優秀だ」と繰り返し教師からいわれた背の低い子どもたちは、それまで仲の良かった背が高い友だちに対して、横柄な態度を取るようになる。だが翌日、教師は二つのグループの立場を逆転させた――。

授業は、差別を受ける立場の辛さや理不尽さと、差別をする立場の優越感を、子どもたちに身を持って味わわせる。クラスでは以前から、太っている男児へのいじめがあったため、教師がこの授業を思い付いたという。身長に限らず、体重や肌の色、髪の色など、あらゆる違いに基づく差別がいかに心を傷付けるかを、子どもたちは知った。授業を終えたある児童は、

「背が高いから劣っているっていわれたとき、すごく嫌な気分になった。私は差別は絶対にしない。外見の違いは個性だと思う」

と語った。

授業はカナダ放送協会（CBC）に取材され、ドキュメンタリー番組「特別授業　差別を知る」にまとめられた。番組は、二〇〇七年のNHK日本賞を受賞している。

なお、この授業を実施するに当たり教師は、保護者、教育委員会、校長に事前にきちんと説明し、了解を取った。差別を受ける立場を経験させることは、度が過ぎると子どもにトラウマを残す可能性があるため、細心の注意を払うことが求められる。その上で、日本の学校にも参考にできる部分はあるだろう。

日本の情報モラル教育

進まない教育環境の整備

日本では、文部科学省が二〇〇二年に施行した学習指導要領が、小学校の段階から授業でコンピューターを活用することを義務付けた。パソコンに詳しい子どもたちが続々と「生産」されるいま、注目されるのが「情報モラル教育」である。

「情報社会を生き抜き、健全に発展させていく上で、すべての国民が身につけておくべき考え方や態度」と、文部科学省は情報モラル教育を定義付ける（文部科学省委託事業「情報モラル等指導サポート事業」、二〇〇六年）。教育内容は大きく二つに分けている。

「情報社会における正しい判断や望ましい態度を育てること」と、

「情報社会で安全に生活するための危険回避の方法の理解や、セキュリティの知識・技術、健康への意識」

を教える、というものだ。

情報モラル教育が目指すものはネット・リテラシー教育のそれに近いといえ、適切に実施されれば、ネットいじめを防ぐにも役立つだろう。

ただ、文部科学省は情報モラル教育を、専門の科目として立ち上げるわけではない。総合学習の時間や、国語や社会、理科といった従来の科目の授業に組み込んで教えるよう、指導している。「日常の学校生活で、情報モラルを指導できる場面はたくさんあるから」というのが文部科学省側の主張だが、既存の授業時間数や予算、教員数などに手を加えずに済むよう、無理やりねじ込んでいる感は否めない。しかも情報モラル教育の授業に当てられる可能性が高い「総合学習」の時間数は、二〇一一年から実施される新学習指導要領で、削減される予定だ。

現場の教員はただでさえ、人手不足と業務の多さに忙殺されているのだ。情報モラルを教えるための新たな知識を習得したり、従来の授業の枠組みの中で実践したりする余裕はあるのだろうか。

学校内の全てのパソコンで、データなどの情報を共有したり閲覧したりするには、校内LAN（構内情報通信網）の整備が必要だ。しかし、全国の公立学校のLAN整備率は、二〇〇七年三月時点で平均五六・二％に過ぎない（文部科学省、二〇〇七年）。地域格差も大きい。整備率が最も高いのは岐阜県で、八九・九％に上る。これに対し最も低いのは東京で、二八・三％。とても日本の首都とは思えない有り様だ。

さらに、情報モラルなどの指導を「わりにできる」もしくは「ややできる」と感じている教員は、平均六二・七％にとどまる。国の意気込みとは裏腹に、情報モラル教育を支える環境の整備が進まず、何をどうやって教えれば良いのか戸惑う現場の姿が浮かぶ。

ある中学校のネットいじめ教育

まだ発展途上と見られる情報モラル教育だが、熱心に取り組む学校も一部には出てきている。ネットいじめを防ぐための注意点をチラシに盛り込んで配布したり、外部から専門家を招いて生徒向けの説明会を行なったり、といった動きが目立つ。その中のひとつ、愛知県のある中学校を取材した。

田園風景が広がるのどかな一帯に建つ、大口町立大口北部中学校。各学年は三クラスずつ、全校生徒数は二七八人だ。このような郊外の学校でも、ネットいじめは起きる。

学校が二〇〇七年、全校生徒を対象に実施したアンケートによると、携帯電話の所有率は六六％に上る。ネット上で嫌な思いを経験した生徒も、三人に一人の割合でいた。チャットで悪口を書かれた、勝手に写真を撮られて多くの人に転送された、などの内容だ。

この中学校では、技術家庭科の時間にネチケットを指導したり、コミュニケーション学習の一環として、携帯電話のトラブルを取り上げたりしてきた。

だが通常の授業内では、まとまった時間を割きにくい。より効果的かつ具体的に教えるため、「携帯電話・ネットと中学生のコミュニケーション」をテーマにした行事を開くことにした。中心となって準備を進めるのは、養護教諭の小姫朱美さん。保健室で、多くの生徒からネットいじめに関する悩みを聞いてきた。

「コミュニケーション能力の未発達と、ネットマナーに関する無知は、生徒達の人間関係に大きな陰を落としています。今回の行事で、その状況をもっともっと大人が知り、危機感を持って子どもたちに『自分の心と体と人生を守りなさい』と、いってあげたいんです」

と小姫は意気込みを語る。

当日の行事には、全校生徒と保護者、教師が出席した。まず生徒たちが、ネットや携帯電話の利用によるトラブルを題材に、寸劇を披露する。学校裏サイトに実名で悪口を書き込まれ、犯人がわからない不気味さとショックで落ち込む生徒。交際していた彼氏を振ったら、携帯に嫌がらせのメールが送られてくるようになった生徒。劇はネットに関する様々な問題場面を設定し、被害者・加害者の気持ちを表現してみせた。

続いて登場したのは、愛知県警サイバー犯罪対策室の担当者。「安易なネット使用により、生徒が自分の生命を危険にさらしたり、人間としての価値を下げるような行動に転がったりする現実を伝えて欲しい」と、学校側が招いたのだ。

県警担当者は舞台上のスクリーンに図やグラフを映し出しながら、ネットや携帯を使った誹謗中傷や画像の転載などが、名誉毀損、肖像権の侵害といった違法行為に当たる場合があると警告。発信者が匿名であっても特定することは可能なので、もしネットいじめなどの被害に遭ったら、警察に相談するようにと生徒たちに呼びかけた。

他に、子どもの実態やいじめに詳しい有識者によるパネルディスカッションも行なわれ、生徒たちは真剣な表情で耳を傾けた。本来、中学生といえば、学校行事ではすぐに居眠りするような年頃である。だが、今回はまさに自分たちの身に起きている問題だったため、さすがに引き付けられたようだ。

行事終了後、生徒たちは次のような感想を口にした。

「一人一人の携帯の使い方を正しくすれば、人を侮辱しあうこともなくなるのにな、と思った。必要のないところにメールはしないようにする。自分だけでも、まずは、人を傷付けないようにする」（三年生）

「ネット社会は簡単に入ることができて、顔も名前も知られない。悪いことを考える人がうじゃうじゃいるから、危ない目に遭わないように、自分が遭わせないようにしたい」（三年生）

「口だと表情とかがわかるけど、メールだと相手がどう思っているかわからないから、危険だと思う。自分がいわれていやなことは、サイトとかに書き込んだり、メールしたりしないようにする」（三年生）

「友だちに対しても、最低限の礼儀を守らなければならないと思った」（三年生）

「携帯電話やインターネットに頼りすぎると、人としてのマナーがだめになってしまう」（三年生）

「友だちがよく、『昨日、メールの返事がなかったけど』『○○からのメール無視された』などと話すのを聞く。メールというのは文字だけのやり取りなので、相手がどう捉えているかとか、どんな表情なのかとかがわからないのは怖いと思った」（二年生）

「いま携帯がとても欲しいけど、自分の心と体を大切にしていくには、ネットはとても危険だと思った」（一年生）

「携帯はかっこいいと思っていたけれど、気を付けなければならない。マナーを守れない人がいるために、とても危険なものになっているみたいだから、欲しくないと思った。便利なものも使い方次第で凶器になる。自分は、責任を持って使いたい」（一年生）

「チェーンメールは自分で止める。そういう力を身に付けることが大事だと思った。メールする時間や送る言葉に気を付ける、何回も同じメールは送らない、絵文字などはできるだけ使う、メールではなく直接相手と話すことを心がける、悪口は書かない、ということに気を付けたい」（一年生）

「インターネットで人の心を傷付ける人を、注意できるようになりたい」（一年生）

「一度、変なメールがきて、どうしていいかわからなかったときがある。今日の話を聞いて、接し方がわかった。これからは、大人に相談したい」（一年生）

この行事に参加するまで、ネットや携帯の怖さをよく知らなかった、という生徒も多かった。情報モラルを身に付けさせたいという学校側の試みは、功を奏したようだ。

いのちの授業

この本で繰り返し述べているように、ネットいじめ問題の大本は「いじめ」である。人を傷付けないようにする心の教育が、最も重要だ。養護教諭の小姫は、この教育に根源的な切り口からアプローチする授業も行なう。

「いのちの大切さを教える」

というものだ。

対象は、二年生の全生徒。最初に、赤ん坊の人形を抱っこしてみてもらう。重さといい、首のぐらぐら加減といい、柔らかさといい、本物そっくりだ。ぎこちない手付きで人形を抱えた生徒は、「意外と重い！」と驚きの声を上げる。

生まれてくるときの赤ん坊は、平均的な身長が五〇センチ、体重は三キロ。だが、最初に母親の胎内に受精卵として誕生したときの大きさは、わずか〇・二ミリ。針の先で突いた、小さな点のようなものだ。その生命体が、どうやって五〇センチにまで大きくなるのでしょう？　小姫が問う。

「お母さんがへその緒を作って、赤ちゃんに栄養をあげてるんでしょ」

「違うよ、へその緒は赤ちゃんが自分で作ったんだよ」

生徒たちの間で意見が飛び交う。

正解は、「赤ん坊が自分の体からへその緒を伸ばして、母親の栄養をもらう」

針の先ほどの受精卵は、子宮の壁に根を張るがごとく、着床をする。そして、細胞分裂を繰り返しながら、自ら胎盤もへその緒も作る。栄養を自らの力で取り入れているのだ。まるで、小さな受精卵に「生まれたい」という意志があるようにすら思える。

受精しても、着床できないで死んでしまう受精卵や、子宮の中で育ちきれずに成長の途中で死んでしまう胎児もいる。そんな中で、こうやって生まれてきたみなさんには、「生きる意志」があったのでしょう。

そう、小姫は語りかける。

話は、さらに過去にさかのぼった。

「あなたという人間になり得た卵子細胞は、いつから存在していたのでしょうか？」

再び、悩む生徒たち。答えは、

「お母さんが胎児だった頃から、あなたの元になった卵子細胞は存在していた」

「あなたのお母さんがまだ胎児だったとき、すでに卵巣があり、その中に、小さな小さなあなたがすでに存在していました。まだ卵子になりきっていない、卵子の元になる小さな細胞がぎっしり。その中のひとつがあなたです。

その頃は、約六〇〇万個の卵子の元が存在します。でも、お母さんが一二歳になる頃には、六〇万個にまで減ります。この中の一粒が、あなたです。この卵子が全部いのちになったら、何万人きょうだいになってしまうでしょうか。ぎっしり詰まった卵子のほんの一握りしか、いのちになれません。

さて、卵子がいのちになるためには、もうひとつ、いのちの元が必要です。それは、精子です。お父さんの精子とお母さんの卵子がひとつになって、いのちとなるのです。お父さんがお母さんの体の中に一度に送り込む精子の数は、三億個といわれています。六〇〇〇万個のひとつと三億個のひとつが、奇跡のような確率で合わさって、いま、あなたがここにいます。他の卵子・他の精子が結び合っていたら、あなたはこの世に存在しません。

遺伝子工学の本には、『一組の両親から、自分というものが生まれる確率は七〇兆分の一』と書いてありました。あなたがあなたとして存在する確率は、七〇兆分の一。違う精子が受精していたら、あなたという人間はいません。よく似た人間かもしれませんが、あなたという魂を持った人間ではないのです。あなたもあなたの隣にいる友だちも、奇跡の存在。奇跡と奇跡が隣同士にすわっているのです」

小姫の話に、会場は静まり返った。

「無駄ないのちはひとつもない。だから、自分のいのちも周りの人のいのちも、大切にして欲しい」

それが、小姫が最も伝えたいことだった。

「これまで友だちに『死ね』とか、自分で『死にたい』などといっていたことを後悔した。私たちのいのちは、七〇兆分の一という奇跡なんだ。このいのちをいままで以上に大切にしようと思った」

「生まれてくること自体がすごいのに、自殺する人は、自分からわざわざ死んでいくのは、親に対しての侮辱だと思う。先祖をたどっていくと、ものすごい数になることを初めて知った。だから、自分の代で家の歴史をつぶしてはいけないと感じた」

いのちの貴重さを知ると、自分の心と体を大事にしたくなる。相手の心と体も、尊重したくなる。

生徒たちは「いのちの授業」から、大切なことを学んだ。

国の甘い危機感

小姫のように熱心に情報モラル教育に取り組む教師は、残念ながら一握りだ。第2章で紹介した斉藤や田村は休日をつぶし、自腹を切ってインターネット研究会などに参加して情報収集に努めている。だが、そこまで力を注ぐ教師はそういない。私も各地で開かれる情報モラル教育関連の研究会を覗くが、参加する教師たちは、いつも同じ顔ぶれだ。

しかし、ネットいじめがこれだけ深刻化するいま、教師も自覚を持って積極的に勉強する必要がある。しかも前述のように、ネット上の誹謗中傷の矛先は、教師にも向けられつつあるのだ。学校裏サイトを見れば、「うちの教頭死なないのかな。デブだしハゲだし」「ウザい教師といえば○○と△△」など、教師の実名と共に悪口が次々と出てくる。生徒の喫煙行為を注意したために逆恨みされ、集中砲火を浴びるケースもある。福岡県では二〇〇六年、「先生はアダルトビデオに出ていた」と自校の男性教師の実名を挙げて掲示板に嘘の書き込みをしたとして、高校三年の男子生徒が名誉毀損の疑いで書類送検された。「先生が何となく気に入らなかった」と供述したという。

イギリス政府は二〇〇八年三月、ネット上で生徒から「攻撃」された教師を対象に、相談用のホットラインを設けると発表した（BBC News, 2008）。もともと子ども同士のネットいじめが深刻化するイギリスでは、政府が「ネットいじめ特別対策本部」を設けている。だが最近は教師が標的にされることが多くなってきたため、教職員組合から対応を迫られ、新たな手を打つことにしたのだ。

「教師たちが相次ぎ、ネットや携帯での嫌がらせで苦しんでいるのに、多くの学校はこの問題を無視している」

と、教職員組合は指摘する。ある調査によると、四五％の教師がパソコンで誹謗中傷のメールを受け取ったことがあり、一五％の教師は携帯メールで脅されたことがあるという。男子生徒が女性教師になりすまし、一般のチャットルームで「私の夫を攻撃して」と頼んだケースや、ネット掲示板に根拠のない侮辱的なコメントを書き込まれ、教師が退職に追い込まれたケースもある。

教職員組合は、

「教師に対するネット上の中傷を放置することは、教師の権威を揺るがす」

と警告し、生徒への情報モラル教育を強化するよう求めている。日本でも、同様の問題が大きくなる日は遠くないだろう。

しかし日本の教師の場合、情報モラル教育に熱意を持って取り組みたくても、思うようにできない現状がある。斉藤や田村ら現場教員が述べたように、新たな分野に手を出してしくじれば人事評価に響くという恐怖心。そこからくる「事なかれ主義」は、身分が不安定な非常勤教員ほど強くなる。教員は日常の業務に忙殺され、新たな知識を学ぶ余裕がない。正教員の数を増やして欲しくても予算が付かない。

文部科学省は二〇〇七年五月、教員勤務実態調査の結果を公表した。それにより、公立の小中高校教員は恒常的に、一日約二時間の残業をしていることが明らかになった。一般公務員の平均残業時間の三~四倍に上る。「教員が行なうべき仕事が多すぎる」「授業の準備をする時間が足りない」と感じる教員も、全体の七割以上を占めた。

なお、この調査が前回行なわれたのは一九六六年である。以来実に四〇年間、文部科学省は現場の教員たちの働きぶりを知ろうとしてこなかった。「管理強化につながる」と一部の教職員組合が調査に反対したことも理由のようだが、教育事業の責任官庁が教員の勤務実態を把握していなかった事実に、無責任のそしりは免れない。

さらに文部科学省が同年一二月に明らかにした調査結果では、うつ病などの精神性疾患により休職した教員の数は、二〇〇六年度で四六七五人。この数は一四年連続で増加しており、過去最多となった。一〇年前と比較すると約三・四倍に膨らんでいる。多忙な業務に追われる中、いじめを始めとする問題への対応や、保護者、生徒、同僚との人間関係などで、精神的に参っている教師の姿が見て取れる。

文部科学省が悠長に構えている間に、政府は二〇〇六年、小中学校の教員数を少子化を理由に削減する行政改革推進法を成立させた。学校現場は超過勤務にあえいでいるのに、さらに教員数を減らすとはどういうことか。文部科学省も抵抗はしたが、何しろ当時は教員の勤務実態に関するデータを持たないため、政府を説得することはできなかった。

しかし、前述の調査結果を目の前にして、文部科学省も遅まきながら「教員を増員して残業時間を半減させ、子どもと向き合う時間を確保する」姿勢を打ち出す。今後の教育政策の針路を示す「教育振興基本計画」が二〇〇八年四月にまとめられる際に、教職員定数増へ向けた教育予算の増額を盛り込むことを図った。ところが、政府としての予算拡充を避けたい財務省の反発にあい、断念している。

文部科学省がもっと早くから学校現場の実状に危機感を持ち、先手を打っていれば、このような事態は招かなかったかもしれない。

一方、教員も、文部科学省の施策に不満をもらすだけではいけない。「最近の教師は尊敬できない」との声が巷にあるのも事実だ。指導力が不足していたり、場合によっては保護者の学歴の方が高かったりするのも一因だろう。だが、教師の権威を最も落としているのは、不祥事の多さである。わいせつ行為で懲戒処分を受けた教職員は二〇〇六年度に一七〇人と、前年度より四六人も増えた（文部科学省、二〇〇七年）。被害者は、「自校の児童・生徒」が八七件と最多を占める。いくら業務が忙しくてストレスが溜まっていようと、教員の立場を悪用したわいせつ行為は、許されない。被害を受けた子どもは、信じていた教師に裏切られたことで、人間不信に苦しめられる。飲酒運転や、必修科目の未履修問題で処分を受けた教職員も目立つ。そんな教師に子どもを預けたい親はいないし、そんな教師のいうことを聞きたい子どももいない。一部の教師が不祥事を起こすことで、教師全体の評価が下がるのだ。尊敬されなければ指導も思うようにできず、教師の負担は増すだろう。教師の待遇改善には国の施策も確かに大事だが、まずは教師自らが、襟を正す必要がある。

文部科学省は二〇〇七年度から、若手キャリア官僚の一部を、公立中学校などへ一年間派遣する制度をスタートさせた。「教育行政を預かる立場でありながら、文部科学省の官僚は学校現場の実態を知らない」との批判を受けた措置だ。いじめや学級崩壊が何年も前から問題になっていながら、これまで官僚に現場を体験させなかったことの方が、むしろ驚きである。派遣された官僚の一人はあるインタビューで

「頭では現場の努力を理解しているつもりだったが、実際にやってみると朝早くから夜遅くまで授業や教材研究があり、土日には部活動もあり、現場は大変だ」

と語り、教員へのサポート体制の必要性を痛感していた。

とはいえ、二〇〇七年度に学校現場へ派遣された官僚はわずか二人。霞が関で机に向かっているだけでは、自分の業務が何の役に立っているのか、わからなくなることもあるだろう。より的を射た政策を実施していくために、文部科学省は今後さらに派遣する人数を増やし、国と学校現場の距離感を縮めることが求められる。

3　メディアの責任

いじめのヒントを与えるな

「あんたの髪型、キノコみたいやなあ」

漫才コンビの一人がいう。「ひどいよ」と相方が身を乗り出そうとすると

「うわあ、胞子が飛んでくる。近寄らんといて」

どっと笑う会場。

この一人はさらに、

「あんたは気持ち悪いから、死んでええわ」と相方に言い放ち、手拍子を取り始めた。

「死ーね、死ーね、死ーね……」

すると観客たちも、笑いながら手を打ち鳴らす。

「死ーね、死ーね、死ーね……」

あるお笑い公演を見に行ったときの一幕だ。いまをときめく人気若手芸人が多数出演し、順番にネタを披露する。相方の外見をバカにし、「死ね」という言葉を使うことで笑いを取ろうとする感覚に、ゾッとした。

舞台の上の芸人は、次々と交代していく。

「何やお前の腹は。ブタみたいやな。ちょっとお客さんに見てもらえ」

そういって、相方の男性のシャツを無理やりまくり上げる。さらに相方の下半身に手を当て、

「こっちは小さいのう」

とあざける。

ある女性お笑いコンビは、ケンカになったという設定でコントを行なった。太っている方が痩せている方に

「この死に神！」

痩せている方は太っている方に
「このブタ！」

とののしり合う。ブタといわれた女性は、「ひどい」と泣き出す。

また別の男性コンビは、コントの場を歯科医院に設定した。訪れた患者役の芸人の歯を、医師役の相方が抜く。医師役は抜いた歯の臭いを嗅ぎ、

「くっせぇ〜」と叫びながら大げさに身もだえる。「僕の歯は臭くなんかないですよ」とムッとする患者役。会場は爆笑の渦だ。

最近のお笑いブームを支える若手芸人たちのネタが、こんなにも「優越型」であるとは驚きだった。お笑いネタにおける「優越型」とは、相手の外見やコンプレックスをあざ笑ったり、見下したりすることでウケを狙う内容を指す（渡辺、二〇〇七年）。聞き手の優越感をくすぐるので、確かに笑いは取りやすい。

しかし、体の太さや髪型、背の低さ、髪の毛の薄さなどは本来、身体的「特徴」に過ぎない。その特徴を「欠点」と決め付け、からかいの対象とすることに、優越型ネタの罪はある。「太っている人はバカにしてもいいんですよ」といったメッセージを、見る者に送っているからだ。ツッコミの際に、

相手の頭を叩くことすらある。子どもはそこに、いじめるための絶好の口実を見つけ出す。「あいつの髪型は変わっているから」「あの子の口は臭うから」自分たちより劣っている。だから、いじめてもいいのだと。

お笑いが子どもたちにどれほど影響を与えているかは、改めて述べるまでもないだろう。古くは「カトちゃんぺ」からいまは「グー」まで、子どもたちはお笑いネタをすぐに仲間内で取り入れる。うまく真似できないと、それが原因でいじめられるぐらいだ。人気お笑い芸人が発信する「優越型」のメッセージは子どもの価値観に浸透し、その行動パターンを規定する。

お笑いからヒントを得た子どもが、背が低い友だちを「チビ」とからかう。最初は冗談のつもりだったとしても、いわれる方は辛い。そしてからかいは、すぐに本格的ないじめへとエスカレートする危険性を秘めている。冒頭の芸人による「死ね」コールも、子どもたちのいじめで、よく使われる手口だ。

このお笑い公演には、小学生から年配者まで、幅広い層の観客が参加した。ところが、「死ね」コールに率先して手拍子を取り、相方をブタ呼ばわりするコントに大口を開けて笑っていたのは、何と大人たちであった。笑う子どもをたしなめようとする親もいない。

「優越型」のお笑いは昔から存在するため、大人も慣れてしまい、その異常さを感知できないのだろう。目の前で人がバカにされる様子を眺めて楽しむ立場は、いじめの構図における傍観者のそれだ。このような大人が、「友だちの悪口をいってはダメ」と子どもに注意しても、説得力がない。

一方、お笑いネタには「救済型」というのもある。ユーモアは、対象を笑い飛ばすことで、その対象からの圧力を跳ね返す力を持つ（渡辺、二〇〇七年）。一九〇〇年代の北米では、黒人やユダヤ人、同性愛者のコメディアンがショービジネスに進出し、自分への差別や偏見を痛烈に皮肉った。「オレの肌が黒くて何が悪い」と開き直り、バカにする人たちをバカにした。そうすることで、社会的抑圧から自分自身を「救済」したのだ。首相や国会議員などの「権力者」を笑い飛ばす政治風刺も目立つ。

日本のお笑いネタには、この「救済型」が乏しい。冒頭に紹介した芸人たちのネタを読み直してみよう。笑い飛ばす対象は、「自分より目下と見なす者」に限定されている。「デブ」とか「歯が臭い」とからかわれた者は、「ひどい」と泣いたり怒ったりするオチになっている。「太っていて何が悪い」と開き直り、相手の差別心にツッコむ切り返しをすれば、優越型から救済型へと移行できるのだが。

身体的特徴をもとに優劣の価値判断をし、その価値観を利用して笑いを取る手法は、古くから日本のお笑いで幅をきかせてきた。いまの若いお笑い芸人までもが、この伝統的な「優越型」を盲目的に受け継いでいるのだとすれば、危機感を覚える。安易に人を傷付けるトークに頼るのではなく、いじめられている子どもの溜飲を下げるような「救済型」の笑いに、もっと挑戦して欲しいものだ。

同様のことは、テレビのバラエティ番組にもいえる。「罰ゲーム」と称して、タレントに嫌がる行為を無理やりやらせ、その様子を周りのタレントが面白おかしくはやし立てる内容が多い。ある番組は、罰ゲームの標的となった男性タレントに対し、別の男性タレントの股間に顔を埋めるよう命じた。こうなるともう、性的いじめである。

このような番組は、子どもたちにいじめのヒントを与えうる。「こんな風にからかうと、もっと面白い」と教えているようなものだ。人が嫌がるのを見て楽しむ番組を繰り返し目にすることで、子どもはそれを「普通」だと思い、いじめることへの抵抗感が麻痺してしまう。

バラエティ番組が罰ゲームなどを繰り広げるとき、「危険なので絶対にマネしないで下さい」とのテロップ（画面上の文字）が登場する場合がある。画面の隅に小さな文字でそんなことを書いたからといって、子どもが模倣しない保証はない。あのテロップは、万が一その罰ゲームを真似たいじめなどが発生して問題になった際に、「ちゃんと注意はしましたよ」とテレビ局が責任逃れをするためのものに過ぎないと思われる。そんな注意をするくらいであれば、真似されて困る内容は最初から放送しなければいいのだ。

「キャラ」という表現も、この種の番組で最近よく聞くようになった。おねえキャラ、天然キャラ、ボケキャラ、ツッコミキャラなどなど。ここでいう「キャラ」は、英語の「キャラクター（性格）」

の単なる省略形ではない。「性格」は個人のものの考え方・感じ方や行動をひっくるめた総合的な性質を指すが、「キャラ」はその中の特定の一面だけを切り取って強調したものだ。よってキャラは、「ステレオタイプ」もしくは「レッテル」と言い換えることができる。個人をキャラ化、すなわちレッテル貼りする行為は、本人の意向に関係なく、他者が勝手に行なう。

お笑い番組で特に人気があるのは「いじられキャラ」だ。いるでしょう、何かいったりやったりする度に周りから茶々を入れられ、ツッコまれ、バカにされる芸人。芸人はお金をもらってその仕事をしているので、自分がいじられることによって笑いが取れるなら「おいしい」と思うことだろう。だが、素人に実社会で模倣されているとなると、話は違う。

「いじられキャラ」を、子どもたちは早速仲間内に取り入れた。特定の者に「いじられキャラ」のレッテルを貼り、常にからかいの対象とする。相手にも、そのキャラに沿ってお笑い芸人のようにひたすらボケ、道化となることを強いるのだ。「いじり」は場を盛り上げるための遊び感覚で行なわれるので、いじられる側も最初は笑って流せるが、そのキャラが固定化するに従って苦痛を感じるようになる。自分の揚げ足を取ってバカにする者たちと、そうされても言い返してはいけない「いじられキャラ」の自分とは、もはや対等な関係ではないからだ。つまり「いじり」は、やられる側にとっては「いじめ」なのである。しかしやる側は、お笑い番組の延長のような気分でいじられキャラを「いじって」いるので、それが「いじめ」だという罪の意識は希薄だ。

「バラエティ番組やお笑いは、いじめにすごく影響していると思う」

こう指摘するのは、第2章に登場した高校一年生のユカ。中学時代に、いじめられた経験がある。

「いまの笑いって人を叩いたり、自分がその人より上にいたりすることが前提で、それが成り立ってしまっている。テレビの世界と自分たちの世界にまだ区別が付かない子どもは、そういうのを見たらそれを現実の場に持ち込んでしまって、自分が上であるという錯覚を起こしてるんじゃないかな。それで、見下せる相手をいじめてる」

ドラマでも、いじめはよく取り上げられるテーマである。ドラマに登場するいじめられっ子はたいてい、色白で小柄で大人しい。「いじめられる子は弱い子」というステレオタイプを見事になぞった、キャラクター設定だ。いじめっ子は逆に、活発でリーダー的な存在として描かれる。この手のドラマは、いじめられる子どもに関するネガティブなイメージの定着に、一役買っている。いじめの被害に遭っている子どもは、ますます訴えにくくなる。前述のように、性格や友だちの数に関係なく、誰もがいじめ被害者になる可能性はあるのだ。いじめをテーマにしたドラマの作り手はおそらく、いじめを減らしたいという思いは抱いているのだろう。ならば、いじめられる子どものステレオタイプを打破する気概で、取り組んで欲しい。

暴力表現がモラルに影響

暴力表現はメディアに氾濫している。テレビ、ゲーム、インターネットなどで、子どもでも簡単に目にすることができる。とりわけテレビのバラエティ番組に見られる暴力行為は、生身の人間が演じ、ストーリー性もあるため、子どもにも身近でわかりやすい。

タレントの顔を水の中に押し付けたり、無理やりプロレス技をかけたり。「面白くするための演出」という大義名分にくるんだ暴力行為の数々を、バラエティ番組は公然と行なってきた。

暴力を振るう対象はタレントだけではない。ある深夜番組では、格闘家が人気女性アナウンサーの足をつかんで振り回し、その顔に両手指を食い込み、歪ませた。それでも、アナウンサーは嫌がる素振りを見せず、笑顔を保っている。この行為はあくまで「お笑い」として行なわれるため、嫌な顔を見せれば、場が白けてしまうからだ。彼女はその後何年も経ってから、「アナウンサー人生の中であれが一番ショックだった」と打ち明けている。会社員であろうと教養が高かろうと、バラエティ番組では人間として尊重されず、「モノ」扱いなのだ。

行き過ぎた暴力行為により、出演者がけがをする事故も後を絶たない。最近は某バラエティ番組内で、お笑い芸人の男性がろっ骨を折るけがをした。ローションを塗った土俵で相撲を取ろうとし、転倒したのだ。

ローションを土俵に塗れば足が滑りやすい状態になるのだから、転倒する危険性は予測できそうなものだ。テレビ局側の認識が甘かったといわざるを得ない。例え危険性に気づいていたとしても、このローション相撲は人気コーナーだったため、視聴率を下げないためには後に引けなかったのだろう。

骨折した男性芸人は、全治四週間と診断されたにも関わらず、すぐに仕事へ復帰した。四週間も休んだら仕事がなくなるという、恐怖心と焦りからと思われる。それをスポーツ新聞などのメディアは、「芸人魂を見せた」と持ち上げた。的外れも甚だしい。視聴率を取るためなら「体を張る」ことも良しとするバラエティ番組の体質、けがをしてもゆっくり休養もできない芸人の労働環境などが、批判されてしかるべきである。メディアが暴力表現に寛容なままでは、今後も同様の事故は起きる。

メディアに繰り返し登場する暴力表現は、子どもにどのような影響を及ぼすのだろうか。

実は内閣府は一九九九年、メディアの暴力表現が子どもに与える影響について、調査報告を行なった（「青少年とテレビ、ゲーム等に係る暴力性に関する調査研究」）。それによると、テレビの暴力シーンへの接触が多い子どもほど、「他人を叩く、殴る、蹴飛ばす」直接的暴力、「相手の傷付くようなことをいう」間接的暴力共に、経験している割合が高い。「タバコを吸う」「酒を飲む」「万引きをする」などの非行・不良行為を経験している者の割合も、暴力シーンへの接触量の多さに比例する。暴力表現が、子どもの攻撃性を高めているのだ。

それだけではない。「相手からやられたら、やりかえす」といった暴力を許容する番組内容に賛成する子どもの割合や、「悪い奴が主人公に殺されるシーン」を見てすっきりする子どもの割合も、暴力シーンへの接触が多い者ほど高くなる。一方、被害を受けた者の辛さに対する共感性は、低くなる。つまり、暴力シーンを何度も見ているうちにそれが「普通のこと」に思えて暴力への抵抗感が薄れ、被害者への同情心が働かなくなるのだ。このような子どもは、誰かがいじめられているのを見ても「大変なこと」とは思わず、助けもせず、傍観者に徹する可能性がある。

テレビだけが問題なのではない。茨城の駅で起きた連続殺傷事件や、寝屋川の教職員殺傷事件など、最近の若者による犯行にはゲームの影響が指摘されている。前出の調査は、ゲームをする頻度が多い子どもほど、やはり暴力経験や非行・問題行動がある割合が高くなることを明らかにした。このようなメディアの暴力表現と子どもの攻撃性については、海外の調査でも相関性が認められている（渡辺、二〇〇七年）。

とはいえ、メディアの暴力表現に接した子どもが即、犯罪を起こすわけではない。もしそうなら、日本中の子どもたちが犯罪者になってしまう。家庭での虐待や学校でのいじめ、受験競争のストレスなど、複数の要因が攻撃性を育んでいく。心を傷付けられると、自分の心身を守ろうとする防衛本能が働き、その本能は他者への攻撃行動となって表出するからだ。よってメディアの暴力表現を規制する「だけ」では、いじめや少年犯罪の問題を解決することはできない。だが少なくともメディアの暴力表現が、子どもを攻撃的にする「一因」であることが明らかになった以上、作り手に自粛が求められることは確かだ。

性表現の刺激

若さと性をもてはやすメディア

モラルを破壊するのは、性表現も同様だ。最近のメディアは成人女性はもちろんのこと、幼い女の子までをも、性的欲望の対象として描く。

テレビは小学生の女児にヘソ出しやミニスカートの衣装で腰を振らせ「エロかわいさ」を競わせ、CMはビキニ姿の女子中学生を登場させ、成人アニメは小学生女児に性行為をさせる。

メディアにおけるこれらの性表現は、まず鑑賞する側である大人のモラルを破壊する。「大人は理性があるから、性表現を見ても影響されない」と思うのは甘い。無垢で抵抗しなさそうな少女の媚態に、征服欲と性欲を刺激される成人男性は存在する。インターネットでロリータ系エロサイトを食い入るように見つめ、九歳の少女のTバック写真集を嬉々として買い求めるのは、大人だ。児童にわいせつ行為をする性犯罪が頻発しているが、犯人の男たちは、アダルトコミックやアニメからアイディアを得たと供述している。女児のみならず、男児も被害に遭っている。この手のメディアは、性行為を強要された子どもは最初嫌がっても最後には喜ぶという設定にしているため、鑑賞する大人の良心の呵責を弱めるのだろう。

成人女性を性的対象として描くアダルトビデオ（AV）などにも、同様の影響力がある。過激な性的暴行を売りにするAVは多数あるが、被害女性は初めは泣き叫んでも段々気持ち良くなる、という設定が一般的だ。これが、視聴する男性の罪の意識を薄くする。実際に性的暴行を働いて捕まった犯人たちは、「ビデオでもやっているんだから、少しぐらい、いいと思った」「少し触るぐらいなら傷付かない」「女性の抵抗はポーズだと思った」などと述べている。被害女性を、AVに登場する女優と重ね合わせて興奮した、という加害者もいる。現実の女性は、自分の意思に反して体を性的に扱われることに多大な嫌悪と恐怖を感じるというのに、何という認識の開きだろうか。

なお、「女性のためのアジア平和国民基金」が行なった調査によると、成人男性のうち買春経験がある者や、援助交際に対する抵抗感の弱い者は、スポーツ新聞や成人雑誌、アダルトビデオなどの「風俗的メディア」に接する機会が多いことが明らかになっている（『援助交際』について考えるためのハンドブック　成人男性意識調査レポートから」、二〇〇〇年）。

これでも十分、メディアの性表現を規制する必要があると思われるが、それだけではない。性表現は、子どものモラルにも影響を及ぼしているのだ。

メディアの性表現は、子どもの目にも簡単に入るようになっている。テレビやCMの性表現に限らない。卑わいな言葉に水着グラビアや少女の制服写真を添えた週刊誌の見出し広告は、電車という公共の場に吊り下げられている。風俗情報とポルノ小説と女性の裸体写真が掲載されたスポーツ新聞は、駅の売店でコイン数枚で手に入り、中年男性会社員がランドセルを背負った子どもの前で広げている。「小学生A子の私性活」と銘打つアダルトビデオのチラシが、無差別にポストへ投げ込まれる。二〇〇六年には小学四年生の男児が、アダルトビデオを真似て同級生の女児に性的暴行を加えるという、衝撃的な事件も起きた。隣の韓国では二〇〇八年四月、小学校高学年の男児の集団が、インターネットなどのわいせつ映像を真似て下級生女児を性的に暴行した。

成人雑誌も、コンビニエンスストアに堂々と陳列されている。「一八歳未満禁止」と書かれた札は立つものの、カバーが掛けられているわけでもなく、誰でもがすぐ手に取れる状態だ。体の凹凸を思い切りデフォルメされた女の子のイラストを描いた表紙が、見ようとせずとも目に入る。

あるコンビニは、女の子の股間（下着着用）を表紙に大写しにした成人雑誌を、書棚の最前列に並べていた。あまりに露骨な写真だったので、私がコッソリ奥の方に並べ替えておいた。数日後そのコンビニへ行ってみると、例の雑誌は御丁寧にも、最前列に戻されているではないか。いくら売り上げを伸ばしたいからとはいえ、子どもが行き交う店内で過激な雑誌を目立つように置く、店員の無神経さに呆れた。

メディアにこれだけ性表現が溢れ、かつ、子どもの目に付きやすい国は日本ぐらいである。私が滞在したカナダでは、コンビニにも成人雑誌は置かれていたが、黒いカバーが掛けられていた。未成年の目に触れないよう、配慮しているのだ。

学生時代にオーストラリアでホームステイしたときのこと。私が日本から持ってきた新聞を何気なく開いたホストファザーが、ギョッとした表情になった。その全国紙に、写真系週刊誌の見出し広告が載っていたのだ。胸元を露わにしたジャパニーズガールの写真に、彼の目は釘付け。オーストラリアの新聞ももちろん広告は掲載するが、ほとんどは堅めの企業広告である。日本の新聞社はＮＩＥ（教育に新聞を）活動を推し進めるのも結構だが、子どもに新聞を読ませたいなら、広告内容に気を配るのが先だ。

日本に滞在したあるドイツ人は、新聞への投書で次のように驚きを述べた。

「女性が単なる性欲を満たす対象として描写されていることが、日本では普通として受け入れられている」

そして、

「このようなことは外国では決して普通ではなく、異常であることを知って欲しい」と訴える。

与党はようやく、一八歳未満のポルノ写真などの単純所持に罰則を科す方針を固めた。二〇〇八年中に、児童買春・児童ポルノ禁止法改正案の成立を目指す。それまでは、販売や提供目的で所持する場合しか、罰則の対象にしていなかった。しかし日本ユニセフ協会によると、G8（主要国首脳会議）の参加国中、児童ポルノの単純所持を禁止していないのは日本とロシアのみである。日本はかねてから、児童への性的虐待を描くメディアの発信基地として、世界から非難されてきた。

少女を「性的な対象」としてメディアが繰り返し表現することは、この社会が「若さ」と「性」をもてはやすのだというメッセージを、子どもたちに送っていることと同じだ。女子中学生や女子高校生は、自分の若さと、女性という性が「価値ある商品」であると思い込まされるのだ。このため、出会い系サイトに援助交際を求める書き込みをしたり、プロフで下着を売ったりしようとする発想が出てくる。相手の男はそれをありがたがり、バカみたいに高い金を払ってくれるからだ。

携帯やネットを使った援助交際が一部の女子中高生の間で行なわれ始めると、メディアはそれを「出会い系サイトに群がる少女たち」などとセンセーショナルに報じる。あたかも、日本の全ての女子中高生が援助交際をしているかのような描き方だ。このような情報に繰り返し接する子どもは、

「みんなやっていることだから」と、援助交際に抵抗を感じなくなる可能性がある。

女子高校生を対象にした調査によると、援助交際の経験者、もしくは抵抗感が低い者は、マスコミの情報を鵜呑みにする傾向が高い（女性のためのアジア平和国民基金『援助交際』について考えるためのハンドブック　女子高校生意識調査レポートから」、一九九八年）。まだ発育途中の自分の体を大切にしようという気持ちが、薄れていくのである。いまの自分の若さと性をめいっぱい「売る」ことで大人にチヤホヤされ、目先の金を手に入れる方がいい、との価値観を刷り込まれてゆく。ファッション雑誌や広告やネットが少女たちの物欲を絶え間なくかき立て、携帯電話の維持にも金がかかる状況も、背中を押す。

性を売る少女たちは自分が主導権を握り、大人をコントロールしているつもりかもしれない。だが実際は、メディアを作っている大人や援助交際を誘ってくる大人に、搾取されているに過ぎないのだ。

性的暴行の描写が意味するもの

最近の性表現の傾向として、「性的暴行」の描写が多くなっていることも挙げられる。成人向けメディアには昔から存在する要素だが、いまや子ども向けのメディアにも、性的暴行の場面が登場している。このことと、子どもの間で「性的いじめ」が目立っていることとは、無関係ではないだろう。

中学生や高校生が読む少女マンガといえば、ドジで取り柄のないヒロインが憧れの先輩に紆余曲折の末告白して最後にハッピーエンド、というストーリーが定番だった。性的な描写といえばキスシーンぐらいだった。しかしここ数年の少女マンガ（小学生向け含む）には、ベッドシーンがあれば近親相姦もある。そして少なくない確率で、ヒロインは性的暴行を受ける。ヒロインは嫌がり、恐怖を感じ、暴行を受けた後は落ち込む。

性的暴行の描写は、男女の性交渉に「強要」という形があること、女性は「征服される」側の性であることを子どもたちに教える。「性的暴行の目的は性欲の充足ではなく、力関係の確認だ」と、ある学者は述べた。何より、被害者は大きなダメージを受けるということを子どもたちは知る。

これはいじめる側にとっては、恰好のヒントである。いじめは、自分が相手の上に立ち、優越感を味わうために行なわれるものだからだ。いじめのこの本質は、昔もいまも変わらない。相手を自分のいいなりにするために、子どもという生き物は古来、あれこれと策を講じてきた。無視、靴隠し、仲間はずれ、陰口。そしていま、「性的暴行」の描写を目にした子どもたちは、それが相手を辱め、ダメージを与え、立場が下だとわからせるために最も効果的な手段だと気づいたのだ。

第1章の「性的ないじめ」の項で述べたように、いじめる相手の裸の写真を携帯で撮影し、それをネタに売春を強要する、といういじめが横行している。被害者にとっては、意志に反した性交渉をさせられるのだから性的暴行と同じだ。ほとんど表沙汰にはならないが、男子生徒が女子生徒をいじめ、その一環として集団で性的暴行を加えるケースもある。繰り返すが、これらはもはやいじめではなく、「犯罪」である。

もうひとつ、メディアの性的暴行の表現で気になるのは、その行為が随分と軽く扱われている点だ。少女マンガに出てくるヒロインは、性的暴行を受けて確かに落ち込むのだが、それがきっかけで加害者と恋愛関係になったり、すぐに新しい彼氏ができたりして元気になり、ハッピーエンドを迎える。

中高生の間で流行する携帯小説にも、性的暴行の場面は頻出している。だがやはり、ヒロインの辛さは一時的なもので、簡単に立ち直る。現実に性的暴行を受けた被害者は、記憶のフラッシュバック、対人恐怖、摂食障害、不眠症などに一生苦しめられるのだ。調査によると、過去一〇年以内に性犯罪の被害に遭った当事者や家族のうち、現在も精神的な悩みを抱えている人々は八〇％に上る。殺人や傷害の被害者に占める割合（七五・四％）よりも、さらに多い（内閣府、二〇〇八年）。

しかし多くのメディアは、性被害に関する専門知識がないままに性的暴行場面を描く。ストーリーを盛り上げるための要素のひとつとしてしか、扱っていないのだ。

このような性的暴行の表現に日々接することは、性犯罪に対する子どもたちの認識を軽くすると思われる。相手の服を脱がせて写真を撮ったり、売春を強要したりする性的いじめが多発する現状は、「性」をいじめに利用することを、子どもたちがためらわなくなった事実を見せ付ける。

海外の調査によると、メディアの性表現に接する機会が多い子どもは、それらを「普通のこと」と思うようになり、実生活でも性行動に積極的になる（渡辺、二〇〇七年）。性被害が相手に与えるダメージを知った上で有効活用しつつ、「どうせすぐに立ち直るから」と、罪の意識を感じなくなっているのだろう。

性表現と暴力表現に関して、テレビでは自主規制の動きも出ている。

放送倫理・番組向上機構（ＢＰＯ）は二〇〇六年、「少女を性的対象視する番組に関する要望」をＮＨＫと民放各社に伝えた。

「幼少期から過剰に性的対象視されることは、少女自身の形成途上の自我意識を、肉体や性に固着した皮相な自己関心に陥らせる危険がある」

とし、

「児童の性及び性意識の発達に関する権利と福祉の侵害である」

と危惧を表明している。

翌二〇〇七年には、バラエティ番組の罰ゲームに代表される「出演者の心身に加えられる暴力・性的表現」に関し、各局に対応を求めた。ＢＰＯは、出演者をいたぶる暴力シーンが視聴者の不快感を触発することは、調査によって明らかだとした上で

「多くの青少年はテレビメディアの公共性を信頼しているため、放送されている内容や表現はすべて、『社会的に肯定されている』と受け止められやすい」と指摘した。そして「人間をいたずらに弄ぶような画面が青少年の日常に横行し、その深層に忍び込むことで、形成途上の人間観・価値観の根底が侵食され、変容する危険性もなしとしない」

と懸念を示す。

過去にBPOから名指しで批判を受け、問題とされる番組を中止した局もある。だがBPOによると、番組の中には、暴力・性表現がさらに過激化しているものも見受けられるという。放送界の第三者機関であるBPOの要望をテレビ局側が無視することは、国の介入による法規制を招き、自らの首を絞める結果になりかねない。

深夜番組なら許される、というものでもない。いまの中高生は、夜中の一時二時まで起きていることが珍しくないのだ。

「表現の自由を侵すな」「暴力や性表現を見るとストレス発散になる」

といった意見もある。しかし、子どもの価値観を歪ませる表現を野放しにすることに、何の意味があるのか。国連が採択し、日本も批准した「児童の権利に関する条約」は、

「わいせつな演技及び物において、児童を搾取的に使用すること」

を防止するよう定めている。

ストレスについても、発散する方法は他にいくらでもある。暴力表現や性表現を見ることで「スカッとした」と感じること自体が、先の調査も示すように、すでにメディアに洗脳されているのかもしれない。また、メディアの作り手が性表現を盛り込みたいのであれば、無理強いする性的暴行ではなく、双方の合意に基づいた「幸せな」性交渉を描けばいいのだ。

暴力表現や性表現は、過激であればあるほど受け手の目を引くので、作り手もこれらに安易に頼りたくなる。だが作り手は、自分が発信する情報が子どもに与える影響の大きさを、自覚せねばならない。そして勇気と創造力を働かせ、安易に暴力や性表現に頼らない「面白さ」を、追求してもらいたい。同時に受け手の側も、メディアの情報を鵜呑みにしない「メディア・リテラシー」を、養う必要がある。

メディア・リテラシーを身に付ける

ネットいじめへの対処法としてネット・リテラシーが重要であることは先に述べた。だが、ここまで見てきたように、優劣の価値観、いじめられっ子へのレッテル、暴力・性に対するモラルの低下など、いじめにつながる意識形成にはメディア全体の影響が大きい。よって子どもたちには、インターネットや携帯電話のみならず、様々なメディアとの付き合い方を教えねばならない。

メディア・リテラシーとは、「メディアの特質、手法、影響を批判的に読み解く」能力と、「メディアを使って表現する」能力の複合である（渡辺、二〇〇七年）。メディアの低俗な情報に対する規制はある程度必要だが、その類の情報は手を代え品を代え流されるので、いくら制限してもキリがない。そもそも権力機関による規制は、背後に政治的意図が働く恐れがあるため、やみくもに許すわけにはいかない。臭いものにフタをするだけではなく、子どもたち一人一人が、自分の頭で情報を判断できるようになることが大切だ。この項では、メディア・リテラシーの中でも早急に必要な「メディアの特質、手法、影響を批判的に読み解く」能力を養う方法について話そう。

子どもにメディア・リテラシーを教えるには、まず大人のあなたが、メディアの読み解き方を知らなければならない。暴力的なゲームやアダルト系サイトに子どもを触れさせたくないとき、その理由をきちんと説明できるだろうか？　メディアが子どもに与える前述のような影響を、大人が理解することから、メディア・リテラシー教育は始まる。

また、バラエティ番組や暴力・性表現だけが「有害」だと思っていないだろうか。実は新聞や報道番組によるいじめの扱い方にも、注意する必要がある。

いじめ自殺が相次いだ二〇〇六年後半から二〇〇七年前半にかけて、多くの新聞は「いじめ撲滅キャンペーン」のような特集を相次いで組んだ。教育問題の専門家や子どもに人気のスポーツ選手を登場させて、「いじめられているキミへのメッセージ」を紹介するというのが定番だ。記事に登場する著名人たちは一様に「生きろ」「負けるな」「頑張れ」と口を揃える。

問題は、このようないじめキャンペーンの大半が、被害者に照準を合わせていることだ。「いじめてやろう」という気持ちを持つ子どもがいなければ、いじめは発生し得ない。被害者側にいくら「死なないで」といっても、加害者側がいじめを止めなければ、苦しみは終わらないのである。それにも関わらず、加害者に「いじめるな」と諭すメッセージはほとんど見受けられない。被害者の尻を叩くことに終始している。

テレビも同じだ。いじめをテーマにした討論番組が時折制作されるが、その多くは「我が子がいじめられたらどうするか」「いじめが発生したら教師はどう対応するか」といった事後策を話し合っている。いじめを防ぐには、加害者に育てないためにはどうしたら良いか、との予防的な視点が抜け落ちているのだ。加害者ケアの重要性については、第4章で詳しく述べる。

また報道番組は、いじめ自殺などをニュースに取り上げるとき、必要以上にセンセーショナリズムに走りがちだ。被害者が自殺した場所や方法をＣＧ（コンピューター・グラフィックス）で具体的に紹介したり、被害者がいじめられた手口を映像で生々しく再現したりする。インパクトがあるニュースは受け手の目を引き、視聴率が上がるからだ。

第2章に登場したサトミ（中学二年生）は、最近のいじめにニュースの影響を感じ取っている。

「模倣犯は出てきていると思う。過激になっているいじめをニュースで見聞きして、同じようなことがカッコいいと思う子もいる。だから似たようなことばかり起きてるんじゃないかな。被害者もみんな学校で首吊るし」

大人は、いじめを取り上げた新聞記事や報道番組に接したら、その論調が偏っていないかを見定めよう。もし偏っていると感じるならばそれはなぜか、他にどのような切り口があり得るか、といったことを子どもに解説する。

暴力表現や性表現が子どもに影響を与えるのを防ぐには、子どもの目に触れさせないのが一番だ。しかし、これだけ情報が氾濫する中ではそれは難しい。対策としては、親などの身近な人が一緒にメディアに接するのが良い（渡辺、二〇〇七年）。

子どもと一緒にテレビを見て、暴力表現が出てきたら「これは許されない行為だ」とか「こんなことは現実にはあり得ない」などとコメントしよう。子どもを冷静にすることで番組内容を客観視させ、暴力を「普通のこと」と認識したりするのを防ぐのだ。

子どもと一緒に新聞を読み、そこに掲載された週刊誌の見出し広告に卑わいな表現や写真が使われていたら、「女性を性的な対象として描いているのはおかしい」「現実の女性とは違う」と説明しよう。

つまり、メディア・リテラシー教育で重要なのは、大人が子どもに「一歩引いた目線」を提供することだ。そこから、メディアの情報に対して子ども自身が疑問を持ち、吟味する目を養っていく。

また受け手として、情報を積極的に評価することも、メディアの質向上につながる。あなたが良いと感じる番組や記事があれば、電話やメールで作り手を激励して欲しい。私がテレビ局のディレクターをしていたときは、視聴者の反応が少ないと、誰のため、何のために情報を流しているのか見失いそうになることがあった。メディアは営利企業であるため、人の外見をあげつらって笑いを取る番組が視聴率を獲得するのであれば、その手の番組は今後も続く。逆に、地味でも真摯な取材をするドキュメンタリーが視聴者に支持されれば、そのような番組をより多く制作するようになる。週刊誌や新聞にしても同様だ。受け手の声は、メディアを変える力を持っている。

第4章　大人と子どもにできること

1　国の規制と家庭のルール作り

国の規制のあり方

ネットいじめが全国に広がり、深刻化の一途をたどる現状に、国も手をこまぬいているわけではない。二〇〇八年六月に、「有害インターネット情報規制法（有害サイト規制法）案」を成立させた。未成年者が有害サイトを閲覧できないようにする「フィルタリング（選別）サービス」の導入を、携帯電話各社に義務付けるものである。

フィルタリングサービスとは、性的、暴力的描写や誹謗中傷の言葉があるサイトや、薬物情報に関するサイト、出会い系サイトなどへの接続を遮断する仕組みだ。携帯電話会社が健全と認定した「公式」サイトだけを見られるようにした「ホワイトリスト方式」と、第三者機関（フィルタリングソフト提供会社）が有害と判断したサイトを見られなくする「ブラックリスト方式」の大きく二種類に分かれる。電話会社によっては、特定の相手以外への電話の発信・メールの送信を制限したり、夜間のインターネット使用を停止したりすることも可能だ。

法案成立に先立ち、二〇〇七年一二月に総務省がフィルタリングサービスの原則実施を携帯各社に要請し、「自主的な」取り組みを促していた。今回、法制化されたことで、フィルタリングの適用は各社の「義務（罰則なし）」となる。未成年の新規契約者に対しては、親が同意書において特に申し出ない限り、自動的にフィルタリングサービスに加入させる。

成人雑誌、アダルトビデオなどのポルノや、暴力性の強いゲームソフトは、一八歳未満への販売が禁じられている。それなのに、インターネットでは子どもも性・暴力描写を見放題というのはおかしい。この無法地帯にフィルタリングを設定するのは、必然の結果だ。

しかし、現行のフィルタリングサービスには課題もある。「ホワイトリスト方式」で見られるのは携帯電話会社が認定したサイトに限られるため、一般サイトにはアクセスできない。学校や塾、クラブなどの連絡用掲示板や、友人が作成したホームページも、内容を問わず全て参照できなくなるのだ。「ブラックリスト方式」であれば、有害サイト以外の一般サイトも見ることができる。だが、有害サイトは次々と新たに作られており、それら全てを確実に遮断できるかは心許ない。規制の網をくぐり抜けて、有害サイトを検索する方法も存在する。

また、ブラックリスト方式は、アクセス制限の対象とする「有害」サイトの範囲がやけに広い。SNS（ソーシャル・ネットワーキング・サービス）やブログ、チャット、掲示板などのコミュニケーションサイトも全て見られなくするのだ。例えそれらが家族や友人の間でのみ利用され、有害な情報は含まれていなくても、遮断されてしまう。掲示板で様々な立場の人の意見に触れ、多様な価値観を知る機会も失われる。これでは、インターネットの利用の幅を必要以上に狭くする。子どもにもフィルタリングを拒否され、逆効果になる恐れすらあるだろう。

さらにドコモの場合は、アクセス制限の対象に「同性愛」まで含めているから驚きだ。これは同性愛を、「子どもの目から隠すべき、いかがわしいもの」と捉えているということか。同性愛者の人々は、何も好き好んでその道を選ぶわけではない。社会から白い目で見られることがわかっているのに、自分でもどうしようもない場合がほとんどだ。ドコモは、同性愛者への偏見・差別を持つ企業であると、自らを認めたいのだろうか。

これらの問題点をめぐり、コミュニティサイトの運営事業者などからは総務省に対する反発の声が噴出し、携帯電話利用者からの問い合わせも相次いだ。このため総務省は四月に急きょ、改善策を打ち出した。ホワイトリスト方式はネットの利便性を損なうとして、ブラックリスト方式を基本に、利用者自身が選べる制度を求める。利用者やコンテンツ提供会社が、有害サイトの判定に関与できる仕組み作りも提案している。

子どもの携帯電話利用をめぐってこのような混乱が起きる背景には、国がこれまで、ネットいじめに関心を払ってこなかった現実がある。衆議院の「青少年問題に関する特別委員会」は二〇〇七年一一月、子どもとインターネットをめぐる諸問題について会合を開いた。教育評論家やネット問題の専門家を参考人として招き、意見を聞くのである。「プロフ」について知っているかと参考人に問われ、知っていると答えた国会議員は、出席した二四人中わずか二人。参考人の一人は、

「議員は知識が全然ない」

と嘆いていた。青少年問題を扱う議員ですら、この有り様なのだ。

総務省のフィルタリング関連担当者はあるシンポジウムで、

「一部の国会議員は、子どもがどういう状況にあるのか想像できず、いまのスピードについていけない。『携帯電話を持つこと自体がけしからん』という極論まで出てきたので、今回のフィルタリングの要請をしなければ、もっと極端なところに行ってしまうという思いがあった」

と発言している。つまり、議員が無知ゆえに「子どもの携帯電話の所持禁止」といった極端な政策

を提案してくる恐れがあったため、応急処置としてフィルタリングの原則化を求めたという。

今回成立した有害サイト規制法案をめぐっても、当初は自民党が「有害サイトを判断する基準は政府が決めるべきだ」と主張し、性急に規制の主導権を握ろうとしていた。これには「表現の自由」への侵害を懸念するネット業界やマスコミから強い反発を受け、最終的に、基準作りは民間の第三者機関に委ねることで落ち着いた。しかし、フィルタリング推進機関を政府に登録できる制度も法案に盛り込むなど、国が介入を試みる姿勢は依然として残る。

権力による規制は絶対的な力を持つだけに、慎重さが求められる。政府が有害性を判断するとなると、「子どもにとって有害か」という基準が、いつの間にか「政府にとって有害か」という基準にすり替わりはしないか。政府が求める国民像、政府が好む言論、などに反するサイトが、「子どもの健全な成長を妨げる」という大義名分のもとに封鎖されていく危惧の念も拭えない。

一方、民間側の動きはすでに始まっている。携帯電話向けコンテンツの業界団体は二〇〇八年四月、サイトの健全性を審査・認定する第三者機関として「モバイルコンテンツ審査・運用監視機構」を設立した。インターネット関連企業や大学教授による団体も、同様の機関を作った。

有害情報を子どもの目に触れさせないフィルタリングサービスは、確かに必要だ。しかしフィルタリングの精度が決して高くない現状で、画一的な規制を、しかも国の権限で定めるのは時期尚早である。まずは民間レベルで「有害」の基準を明確にし、本当に有害な情報だけを子どもの発達段階に応じて選り分けるなど、現実的できめ細やかな対応を期待したい。

家庭はどう対応するか

親子のルール作り

フィルタリングサービスを使いさえすれば、子どもを守れるというわけではない。前述のように、フィルタリングをかけてもブロックできない有害サイトはある。有害ではないと思われたサイトでも、情報のやり取りをするうちにトラブルに巻き込まれるかもしれない。さらに、子ども自身が有害情報の発信者になってしまえば元も子もない。

子どもが安全に携帯やネットを使用するには、学校の教育だけでなく、家庭のルール作りが不可欠だ。子どもは、親の同意がないと携帯電話を契約することはできない。子どもに携帯を与えるからには、その利用方法もきちんと指導するのが、親の義務である。

そもそも、親のあなたはなぜ子どもに携帯電話を持たせたいのだろうか。安全のためだろうか。だが、子どもが携帯電話を持つことによって犯罪から逃れられる確率と、犯罪に巻き込まれる確率とは、どちらが高いだろう。

長男をいじめによる自殺で亡くした前出の古賀和子さんは、いつでも連絡を取りたいという自分の都合から、息子に携帯電話を与えた。それは、同級生から息子への数十回に及ぶ恐喝を仲立ちする凶器となった。子どもの安全を守るはずだった携帯電話が、子どもを追いつめたのだ。

「私にとって便利だからと、子どもに携帯を持たせてしまった。安全な使い方について、もっとお互いに話し合うべきだった」

と和子さんは後悔している。

それでも安全のために携帯を持たせたいのであれば、インターネットへの接続機能は必要だろうか。通話とメール機能があれば、連絡は取れる。メールの送受信先を、家族に限定する設定も可能だ。自分は子どもに携帯をどのように使わせたいのかを考えよう。ネットへの接続を許すならば、それに伴うトラブルが起きる可能性も覚悟し、対策を練らねばならない。

子どもにせがまれて仕方なく持たせる、という家庭もあるだろう。その場合は子ども自身に、携帯電話の必要性を説明させる。なぜ携帯を持たねばならないのか、どのように使うのか。携帯が絡むトラブルとはどういったものか、どんな対応策があるかを、子どもに調べさせるのも一案だ。自分が欲しがっている携帯電話は、便利さと共に危険の芽もはらむ、という自覚を持たせるのである。

いずれにせよ、子どもが携帯を持つことになったら、最初に親子でルールを決めることが肝心だ。

家では、携帯電話は家族の目が届く居間などでしか使わせない。充電器を居間に置かせると良いだろう。携帯中毒を防ぐための決まりも必要だ。携帯の使いすぎは、手指のけんしょう炎や視力の低下につながる。食事や風呂のときは使わせないようにしよう。また、夜間に携帯やネットを使うと勉強に集中できず、メールの相手にも迷惑だ。「夜一〇時以降は禁止」といった取り決めをする。携帯電話会社の時間制限サービスを利用するのも、効果的だろう。

携帯やネット利用のルールは、子どもとの口約束ではなく、明文化した方が良い。日本PTA全国協議会の調査（二〇〇六年）によると、「自分の家庭にネット利用のルールがある」と答えた保護者は四四・九％いたのに対し、同じように答えた子どもは二四・五％しかいなかった。親はルールを作ったつもりでも、子どもにきちんと伝わっていないのだ。ルールは紙に書いて貼るなどして、親子の共通認識にしておく必要がある。

ただ、自立心が芽生える中学生以上になると、親の前でしか使わない、といったルールを守らせるのはなかなか難しい。この段階では、フィルタリングや家庭でのルールと並行して、ネットを安全に「使いこなす」ためのリテラシーを身に付けさせることが大事だ。個人情報の流出やメールの使い方などのネット・リテラシーについては、第3章で述べている。学校任せにせず、家庭でも改めて子どもにこれらを教えよう。

第3章に登場したトロント大学のフェイ・ミシュナ准教授は、子どもがもしネットいじめに遭った場合に備え、家庭で話しやすい雰囲気作りをしておくことが基本だと指摘する。日頃からネットや携帯のトラブルに関する話題を、食卓に上らせるのだ。どんな危険性があるのか良くわからない、という場合は、ネットいじめや出会い系サイト絡みの事件が報じられる都度、新聞記事やテレビニュースを話題にすれば良い。被害はどのようなサイトで起きたのか、犯人はどんな手口を使ったのか、などを一緒に確認する。そうすることによって親子で情報を共有でき、「私はあなたのネット利用をいつも気にかけている」という姿勢を子どもに示せる。

子どもがネットいじめ被害を親にいわない理由のひとつに、「ネットを取り上げられたくないから」というのがある。ネット上の全ての人がいじめてくるわけではない。子どもはネットや携帯を使って、信頼できる友人や、悩みを打ち明けられるサイトともつながっている。親は、例え子どもがネットいじめを受けても携帯やネットは取り上げないことをあらかじめ伝え、安心させておこう。

また、インターネットのことはわからないからと拒否や嫌悪をせず、自ら積極的に利用してみよう。出会い系サイトとは、チャットとは、プロフとは、どのようなものなのか。参加はしなくても、眺めるだけで概要はつかめる。「いまどんなサイトが流行っているのか教えて」と子どもに聞き、一緒にそのサイトを覗けば、コミュニケーションにもなる。子どもにとってネットや携帯の魅力とは何なのか、どんな危険が潜んでいそうか、親も身を持って体験してみるのだ。「ネットは危ない」という漠然としたイメージだけで子どもにルールを押し付けても、反発を招くだけである。

そして、いくらルールを作ろうとも、子どもがネットいじめに遭う可能性はゼロではない。それまで嬉々として携帯を使っていた子どもが、親の目の前では携帯が鳴っても出なくなる。メールの着信があっても開こうとしない。着信音を最小、もしくはマナーモードに設定する。このような素振りが子どもに見られれば、ネットいじめに遭っている可能性がある。親には知られたくないため、親の前で誹謗中傷のメールを読もうとはしないのだ。着信があるたびに怯えた表情を見せていないかにも、注意を払おう。

他にも、子どもの様子からネットいじめを発見するポイントとして、ミシュナ准教授が次の点を挙げる（University of Toronto, 2007）。

・内向的になったり、動揺したり、不安になったり、落ち込んだりしている
・他人（弟妹など）を怒鳴ったりいじめたりすることで怒りを表す
・不眠や頭痛、胃痛、食習慣の変化などの身体的不調を訴える
・社会的な出来事への関心を失う

・以前は問題なかったのに、登校を嫌がるようになる

先に述べたように、子どもはネットいじめの被害を受けても、親にはいいにくいものだ。できるだけ親の方から、子どもの変化を読み取って欲しい。

子どもが被害に遭ったら

子どもがネットいじめを受けたことが明らかになったら、どう対応するか。これは、いじめの内容によって異なる。

嫌がらせのメールが届く場合は、そのメールアドレスを着信拒否に設定する。それでも続く場合は子どものメールアドレスを変え、信頼できる人以外には教えない。

掲示板などに誹謗中傷を書き込まれたら、そこに子どもの個人情報が出ていない限りは、とりあえず無視し、学校に相談する。学内の生徒に書かれた可能性が高いのであれば、情報モラル教育に力を入れてもらわねばならない。むやみに削除依頼を出すと、「こいつ抵抗してやがる」と逆に加害者を刺激し、さらに悪質化する恐れがある。

だが問題は、子どもの実名や住所、写真などの個人情報がネット上でさらされた場合だ。そのサイトのプロバイダー（インターネットへの接続サービスを提供する業者）や、掲示板の管理者に連絡し、削

除してもらわねばならない。この場合も学校に相談し、教師の名前で削除依頼を出す。相手によってはなかなか削除に応じないことがあるため、「学校として頼んでいる」威圧感を示すのだ。

それでも相手が削除しない場合はどうするか。総務省は「プロバイダ責任制限法」で、名誉毀損などの書き込みをされた被害者が、加害者の名前や住所などを教えるよう求めることができる、と定めている。プロバイダーや掲示板の管理者に対し、書面や電子メールで「発信者情報開示請求」を行なう。詳しい請求方法は、プロバイダ責任制限法対応事業者協議会による、「プロバイダ責任制限法関連情報ウェブサイト」に掲載されている。

ここまでしてもお手上げなら、警察のサイバー犯罪対策室に相談しよう。名誉毀損罪や侮辱罪に問える場合がある。誹謗中傷の書き込みも印刷し、証拠として保存しておく。

手間はかかるが、民事訴訟を起こすのもひとつの方法だ。大阪市では女子中学生が、学校裏サイト上の中傷書き込みを放置したとして管理人を訴えた。大阪地裁は二〇〇八年五月、「削除など被害拡大を防ぐ管理義務を怠った」と、管理人に対し損害賠償の支払いを命じた。

他にも、国や民間団体が相談窓口を設置している。巻末に一覧を掲載するので、参照して欲しい。

このように、一旦ネット上で被害を受けると、対応には骨が折れる。ネットのトラブルに巻き込まれない一番の方法はもちろん、子どもに携帯電話を持たせないことだ。世間の保護者も頭ではわかっているだろう。それでも携帯を与えてしまうのは、連絡が取れる安心さに加え、「みんなが持っているから」というのが大きな理由ではないだろうか。「友だちは携帯を持っているのに私が持っていないと、仲間はずれにされる」と子どもに訴えられれば、親は弱い。

いっそのこと、地域全体の子どもから携帯電話をなくそう、という取り組みもある。石川県野々市町は二〇〇三年から、行政と住民が一体となり、中学生以下に携帯電話を持たせない運動を進める。町内のPTA、教育委員会、学校、その他子どもに関わる六〇団体が加盟する、大きな町民運動だ。子どもや保護者を対象に学習会を開き、携帯の危険性を説明し、不要であることを説いて回る。条例で規制するわけではない。最終的に携帯を持つかどうかを決めるのは、あくまで町民だ。それにも関わらず、町内の中学二年生の携帯電話所持率は一二・三%と、全国平均の約五分の一にとどまる(二〇〇六年)。

だが、全国の地域がここまで徹底するのは難しいだろう。そもそも、トラブルに巻き込まれないためには携帯を持たせないのがベストだとはいっても、子どもは携帯ゲーム機やネットカフェ、友人宅などでネットに接する機会はある。社会が急速にIT化するいま、携帯やネットから子どもを遮断しようとするよりも、ネット・リテラシーや情報モラル教育などで「正しい」使い方を手ほどきする方が現実的だ。地方自治体によっては、ネット上の誹謗中傷を監視するパトロール隊を結成したり、保護者向けの啓発講座を開いたりするところも出てきている。

ちなみにアメリカのある地方自治体は、ネットいじめを禁じる条例を作った。ミズーリ州のダーデンヌ・プレーリー市。市民にネット上で嫌がらせをしたり、付きまとったりする行為を軽犯罪と見なし、禁固最長九〇日、罰金五〇〇ドルを課す法律を二〇〇七年に成立させた。その前年に一三歳の少女がネットいじめを苦に自殺する事態が起き、市民の批判の声を受けたものだ。

家庭での個別の指導だけでなく、地域全体で子どものネットいじめ防止に動けば、実効性はより高まるだろう。

もっとも、子どもが被害者になるケースばかりを想定した対策では、一面的だ。携帯やネットは、相手の顔が見えないコミュニケーションを可能にするだけに、子どもを簡単に加害者にも転じさせる。第3章で紹介したネチケットを、家庭でもしっかり教える必要がある。何より、子どもを加害者にしないためには、その心を安定させることが基本だ。詳しくは次節で述べる。

2　被害者にも加害者にもしないために

被害を言い出せる環境作り

被害者にしないためにと掲げたが、子どもを被害者にしないための方法は、ない。第3章で述べたように、加害者の子どもは、いじめる理由を何とでもこじ付ける。性格や外見、成績に関わらず、どんな子もいじめられる対象になり得る。親や本人の努力で防げるものではない。これは、ネットいじめも従来のいじめも同じだ。

ならば、親にできることは何か。

我が子がいじめに遭う事態を想定し、すぐに対応できるよう準備しておくことに尽きる。最も重要なのは、子どものいじめ被害を初期の段階で把握することだ。親が気づけないままいじめを放置すれば事態は泥沼化し、子どもが一人で追いつめられる危険性もある。

しかし現実には、子どもはいじめに遭っていることを親になかなかいえない。「いじめられるのは弱い子」「いじめられる側にも問題がある」というイメージが確立しているためだ。先の女子中高生たちが語るように、自分がそのような「惨めな」立場に成り下がってしまったことを、親に知られるのは恥ずかしい。だから子どもは必死に隠そうとする。家では、あたかも学校生活を楽しんでいるかのように振る舞う。いじめ自殺が起きると世間は「なぜ気づいてやれなかったのか」と親を非難するが、子どもにとってみれば冗談ではない。親にばれるというのは、自分の「演技力」が拙かったことを意味する。それこそ二重の屈辱である。

子どもに躊躇なく口を開かせるには、親が環境を整えてやらねばならない。まず親自身が、いじめられっ子に対するネガティブなイメージを捨てる。いじめられるのは、恥ずかしいことでは全くない。誰でもが、正当な理由などないまま、いじめの標的になるのだ。いじめられる側に、非は一〇〇％ない。悪いのは完全に加害者である。相手の痛みを想像できず無神経にいじめることこそが、卑しく恥ずかしい行為なのだ。

この認識を、子どもにも伝えよう。そして、いじめられたらすぐ親に報告するよう促す。他人に助けを求めるのは情けないことではなく、いじめている側に「いじめを続けることは許されない」と教えてあげる手段なのだ。

大事なのは、「もしいじめに遭っても、親は自分の一番の味方だ」「親は絶対に自分を守ってくれる」と、子どもに安心感を抱かせることである。そうなると、いざいじめられても打ち明けやすい。

また、学校側ともコミュニケーションを密にする。万が一の場合に相談しやすい人間関係を、教師たちと築いておくのだ。

だが、例え親がこのように環境を作り、子どもにいじめを打ち明けられたとしても、すぐに解決に結び付くわけではない。

前出の小森美登里さんは、当時高校一年生の香澄さんがいじめを受けていると知ったとき、すぐに学校へ相談した。一二回にわたって通い、対応してくれるよう頼んだ。しかし担任は加害生徒に指導をすることなく、いじめは続いた。

美登里さんは、娘を相談センターへ連れて行きカウンセリングを受けさせたり、加害生徒の保護者に面会したりと、親としてできることは何でもやった。一方、精神科にうつ状態と診断された香澄さんは、毎日欠かさず薬を飲むようにした。飲んでも飲んでも、症状は良くならない。いじめは続いた。

そして、香澄さんは自らの命を絶った。いじめが始まって三ヵ月が経っていた。

この事例は、いじめからの脱出が、被害者側の努力ではどうにもならないことを如実に示している。学校側や加害者の親の対応が不適切だったこともあるが、結局被害者の苦悩は、いくらカウンセリングを受けても薬を飲んでも改善されないのだ。加害者がいじめを止めない限りは。

いじめをなくす抜本策は、加害者を生み出さないことである。

「加害者ケア」の視点から

日本のいじめ対策はこれまで、加害者への対応にほとんど力を入れてこなかった。いじめられる被害者側に対して、「耐えろ、死ぬな」「先生にいえ」などと、あれこれ強要するばかりだった。だが、本当にいじめを解決するなら、鍵は加害者対策にある。いじめる子どもこそ、実は深刻な問題を抱えているからだ。

調査によると、慢性的に誰かをいじめる子どもは、万引きをしたりタバコを吸ったりする非行行為を「悪い」と思う意識が、いじめられる子どもに比べ低い傾向がある（ベネッセ教育研究所、一九九六年）。いじめの加害者は、他人を傷付けることへの抵抗感が弱いだけでなく、一般的なモラルや正義感も育っていないのだ。

このような子どもたちが、学校を卒業した途端に「良い子」になるとは考えにくい。他人を威圧して自分のいいなりにしたいという欲求を持ったまま、社会へと出て行く。ノルウェーのいじめ防止教育専門家であるダン・オルウェーズ教授の調査では、小学六年生から中学三年生の間にいじめ行為をした少年の六〇％は、成人して少なくともひとつの有罪判決を受けていることが明らかになった。いじめに関わらない子どもの三倍の確率だという。いじめを行なう子どもは、将来、犯罪者になる危険性を秘めているのである。

日本でも、いじめが「事件」に発展するケースが増えている。警察庁のまとめによると、いじめを原因とする傷害や恐喝事件の数は、二〇〇六年で二三三件。前年に比べ四一・二％増え、四年連続で増加した。「加害者」として検挙・補導をされた子どもも、四六〇人に上る。

「いじめは大人になるための通過儀礼」などと軽く捉えず、まさに社会問題として、加害者の矯正に取り組まねばならない。

いじめる子どもは、相手が苦しむ姿を見て面白さを感じる。もっと傷付けて、もっと思いのままにコントロールしてやりたいと思う。その歪んだ心理は、どこから生まれるのだろうか。いじめっ子は、赤ん坊のときからいじめっ子だったわけではない。成長する過程において、他人をいじめることに抵抗を感じないような価値観を身に付けたと考えられる。家庭の責任は大きいといわざるを得ない。

我が子に「いじめるな」としつける親が少なくなっていることは一因だろう。日・韓・米・英・独の五ヵ国を対象にした国際比較調査（文部省、一九九九年）によると、子どもに「いじめはいけない」とよくいう日本の母親は一二％、父親は九％しかおらず、五ヵ国中で最も少ない。「友だちと仲良く」とよくいう母親もわずか一〇％、父親に至っては七％で、トップのアメリカに比べ約六分の一。もちろん最下位である。一昔前の親であれば、しつけにはもっと厳しかったはずだ。なぜこのような大人が育っているのか、日本の教育制度自体を見直すべきなのかもしれない。

さらに、家族との会話が少ない子どもほど、いじめた経験がある割合が大きいことがわかっている（大阪府寝屋川市、二〇〇七年）。また、「親が真剣に話を聞いてくれない」と感じる子どもは、「親が話を聞いてくれる」と感じる子どもよりも約二倍、いじめた経験が多い（全国高等学校ＰＴＡ連合会など、二〇〇六年）。

家庭でのコミュニケーションが乏しいということは、親が子どもにあまり関心を示していない、もしくは関心があってもそれが子どもに伝わっていないということだ。親に気にかけられている意識が希薄な子どもが、いじめに手を出している。

人間が持つ基本的な欲求のひとつに、「承認欲求」というのがある。「人に認められたい」という願望だ。普通は、親が無条件に愛情を注ぐことによって子どもは「自分は価値ある存在なのだ」と確認でき、精神的に安定する。

だが、親から十分に愛されていない、構ってもらえていないと感じながら育つと、自分という存在に誇りを持つことができず、劣等感を抱くことになる。その満たされない思いを埋め合わせる手段のひとつが、「いじめ」なのだ。相手を「自分より劣っている」と見なし、嫌がらせをして従わせることで、自分を優位に立たせる。そして、自らの価値を確かめようとするのである。

とりわけネットを使ういじめならば、自分がやっているとはバレないし（本当はわかるのだが）、手元の携帯からすぐにアクセスできるので、不満を募らせる子どもには恰好の憂さ晴らしだ。

第2章に登場した高校一年生のユカは、中学時代にいじめを受けた。クラスのボス的な存在の女子生徒が、次々とターゲットを変えては、常に誰かをいじめていた。ユカは当時の経験から、加害者を冷静な目で分析する。

「いじめる子は、それが自己主張なんじゃないかな。『私が存在している』っていう。認められたいのかな。いじめられる子よりも、むしろいじめる側の子にたぶん色々問題はあって、内面的にすごく足りない部分があっていじめをするんだと思う」

いじめ行為を行なう子どもに、「他人を思いやれ」などと精神論を説いても、根源的な解決にはならない。承認欲求が満たされず自分を大切に思えない者に、他人を大切にする余裕はないからだ。

子どもに自尊心を持たせるには、親が子どもにきちんと向き合うことが第一である。荒れた言動は、子どものSOSだ。その声に耳を傾けよう。調査によると、家族とよく話し、「自分の気持ちを理解してもらっている」と感じる子どもほど、自己肯定感は高い。また、家庭を温かいと感じている子どもは、学校も楽しいと感じている（石川県教育委員会、二〇〇五年）。

自分が認められているという安心感や精神的な充足感が大きいと、他人にも優しくできる。大人も同じだろう。家出をしてトラブルに巻き込まれたり、援助交際などで自分の体を粗末に扱ったりすることもなくなる。群馬県高崎市で二〇〇七年、一三歳の少女を連れまわしてわいせつな行為をしたとして、五九歳の男が逮捕された。二人は出会い系サイトで知り合った。被害少女は警察に、「お父さんが嫌いで、家に帰りたくなかった」と話したという。親子関係がうまくいかず、家庭に居場所がなかったことから、見ず知らずの男の誘いにのってしまったと思われる。不特定多数の相手と売春をしていたある少女は、「そのときだけは、自分が必要とされていると感じることができるから」と語った。満たされない淋しさは、人を自暴自棄にする。

このように、加害者をケアするには、まず家庭のあり方を見直さねばならない。虐待や貧困などの問題が背景にあれば、専門機関による介入も必要だ。

学校も、加害者をただ叱り付けるのではなく、その心の奥にある悩みを聞き出す。出席停止という措置が何の成果ももたらさないことは、もうおわかりだろう。学校にも「見捨てられた」加害者の心は行き場を失い、また別の場所で、反社会的な行為を繰り返すだけだ。

最近は、いじめる子どもへの対応策として、「ストレス・マネジメント教育」が注目されている。いじめる子どもは、自分の中にある不満やストレスを、他人へ攻撃的な言動をぶつけることによって発散させている。このため、ストレスを自己管理する能力、すなわちストレス・マネジメントを養うことにより、別の形で対処させようというものだ。

ストレス・マネジメント教育では、ストレスが心と体に及ぼす影響を学び、前向きな思考法や発散法を身に付ける。まず子どもが各自、日頃嫌だなと思うこと、不安やプレッシャーを感じること、いらいらすることについて体験を発表し合う。それはどのような場合で、そのときの心理状態、言動がどうなっていたかを振り返る。また、どうすることでそれが遠のいたかを話し合い、物事をポジティブに捉える思考方法を訓練する。そして、ストレッチやアロマセラピー、呼吸法などによって、自らを意識的にリラックスさせる対処法を学ぶ。

ストレス・マネジメント教育を受けた子どもたちの間ではいじめの発生が減り、問題が起きたときは教師へ積極的に相談するようになることが、兵庫教育大学の冨永良喜教授らによる研究（二〇〇六年）で明らかになった。兵庫県や鹿児島県などは、教員に向けてストレス・マネジメント教育の研修を実施し、小中学校に導入している。

いじめの加害者は裏を返せば、家庭や大人社会における被害者だ。人を傷付けて楽しいと思う心が育ったのはなぜなのか、その根底にどんな苦しみを抱えているのか。加害者ケアに焦点を当てない限り、いじめの抜本的な解決にはつながらないのである。

3　子どもたちへ

友人を守るために

あなたの大切な友人がいじめられたら、どうすればいいのだろうか。その人の悲しみを思うと、辛いことだろう。あなたにもできることはある。

最初は、その人がいじめられているのかどうかは、よくわからないかもしれない。あなたの目には、ただの悪ふざけに映るかもしれない。だが、やられている方は顔が笑っていても、心で嫌がっているときがある。友人がふさぎ込んだり、口数が少なくなったり、いつもと様子が違ったりしたら、「どうした」と声をかけてみよう。その人は最初、「何でもない」というかもしれない。いじめられているのを知られるのは、恥ずかしいのだろう。ちっとも、恥ずかしいことではないのだが。二人きりになってじっくり話を聞いてみよう。そのうちきっと、悩みを打ち明ける。本当はあなたに、気づいて欲しかったのだ。

いじめを受けている人の心は、弱っている。悪口をいわれて、自信を失くしていることだろう。でも、いじめの標的になるのは、その人が悪いからではない。どんな性格や外見であろうと、いじめられても仕方がない理由にはならない。加害者は、自分の方が他人より上に立ちたくて、一生懸命いじめる口実を作る。理由は何でもいいし、相手は誰でもいいのだ。

だから、「私はあなたのことを何も悪く思っていない」と友人に伝えよう。「大丈夫、私がいるから」と、弱った心を支えてあげよう。

その人とは、いつも一緒にいるようにする。学校の休み時間や下校のとき。その人は、いついじめられるかとビクビクしている。一人にさせないようにして、加害者に、いじめる隙を与えないのだ。ネットの掲示板上やメールで誹謗中傷を受けているのなら、その内容を見せてもらおう。もし、その子が嫌でなければ。一緒に受け止めてあげることで、辛さは半分になる。

その人といると、あなたもいじめられるだろうか。本当は加害者に「止めろ」といいたいのに、先生に報告したいのに、自分もやられるのが怖くてできないかもしれない。だが、一人の加害者によるいじめ行為を、他のクラスメートみんなが見て見ぬふりをしたらどうだろう。周りで笑ったり、はやし立てたりしたらどうだろう。被害者にとっては、クラス中の全員にいじめられているのと同じだ。いじめという「ショー」において、傍観者は観客である。主人公の加害者は、観客の視線と拍手を背中に感じ、ますます張り切っていじめる。被害者は、いじめられる姿を観客の目にさらされることで、より深い苦痛と惨めさを味わう。

あなたが一人で加害者に立ち向かうのは、確かに簡単ではない。ならば、他の傍観者たちと一丸となってはどうか。「みんなでやれば怖くない」である。周りの人に、味方になってくれるよう頼もう。ただし、あなたが一人でいきなり傍観者集団に声をかけても、鼻先であしらわれるのが関の山だろう。多数派に安住していたいのが人間の心理だからだ。ポイントは、傍観者と「一人ずつ」話をしていくことである。傍観者も実はそれぞれ、後ろめたさを抱えている。あなたの友人がいじめを本当に嫌がっていること、みんなで守ってあげたいことを伝えれば、きっとわかってくれるはずだ。名付けて、「個別懐柔作戦」。

ノルウェーでは、学校の教室全体で、いじめを許さない雰囲気作りに取り組んでいる。いじめ研究の第一人者、ベルゲン大学のダン・オルウェーズ教授が開発したいじめ防止プログラムに基づくものだ。生徒たちは次の四つのルールを習う。

・「私たちは、いじめをしない」
・「私たちは、いじめられている人を助ける」
・「私たちは、取り残された人を仲間に入れる」
・「もし誰かがいじめられているのを知ったら、私たちは先生と親にいう」

学校は定期的に各教室でいじめに関する授業を行ない、生徒たちはいじめに対する自分の意見や、なぜいじめてはいけないのか、どうすれば減らすことができるかを話し合う。教師は、いじめに対応するための専門的な研修を受ける。保護者も学校単位と教室単位のミーティングに参加し、いじめの被害者と加害者が抱える問題や、学校がどう取り組もうとしているかを学ぶ。

このプログラムは、ノルウェー政府の予算で国中の小中学校に導入されただけでなく、アメリカやイギリス、ドイツでも利用されている。生徒たちは教室内のいじめ行為に厳しい目を向け、被害者をかばうようになり、いじめは三〇％から七〇％減少したという（Olweus Bullying Prevention Program, in University of Bergen, 2001）。

いじめは多くの場合、先生の目の届かないところで起きる。いじめの芽を最も早くつめる立場にいるのは、あなたたち生徒だ。ノルウェーのように、教室全体でいじめに取り組むことを先生に提案してみてはどうだろう。それに子どもは、大人よりも子どものいうことを聞くのだから。

一方ネット上のいじめであれば、表向きは匿名として書き込むことができるので、あなたもかばいやすいだろう。身近な友人はもちろん、掲示板やSNSで知り合った面識のない「友だち」も、ネットいじめに遭うことがあるかもしれない。プロフのゲストブックに悪口を書き込まれたり、掲示板に実名を出されたり。そんなときあなたができるのは、決して同調したり、煽ったりする書き込みをしないということだ。「私も○○はウザいと思う」とか、「○○の写真貼ってよ」などと閲覧者（＝傍観者）たちがけしかけると、いじめる人は調子に乗って誹謗中傷をエスカレートさせる。

逆に、「止めろ」と書き込んでみよう。一人だけで止めようとしてもあまり効果はないので、ハンドルネームを使い分け、あたかも多数の人がいじめに反対しているように見せかける。ある学校裏サイトでは、特定の生徒が悪口の攻撃を受けていたが、他の生徒たちが加害者に向けて「こそこそ悪口いうのは止めなよ」「セコい奴」などと何度も書き込んだことで、おさまった。子どもたちの間で、自浄作用が働いたのである。また、被害者にメールなどで直接連絡を取り、相談にのるのもいい。あなたの一言が、いじめられ心細くなっている友人を、勇気付けるのだ。

いじめられている人へ

いじめを受けているあなたは、苦しい日々を過ごしていることだろう。自分の性格や外見がこうだからいじめられるのだと、自分を責めているかもしれない。

だが、あなたは全く悪くない。いじめが起きる責任は、いじめられる側にではなく、いじめる側にある。あなたがどんなことをしたとしても、あなたの家庭環境がどうであっても、いじめられていい理由にはならない。あなたは人間として、健康的な生活を営み、差別をされない「権利」を持っている。その権利を侵そうとする、いじめっ子の方が悪いのだ。

いじめる人は、あなたを困らせて楽しんでいるだろう。ストレスを発散しているだろう。なぜ彼女ら・彼らは、そのようなことをするのだろうか。

いじめる人の心は、病んでいるのだ。家庭で親とうまくいっていなかったり、別の人からいじめられていたり、無理やり勉強をさせられていたりして。いじめる人は本当は自分に自信がないので、誰かを見下すことで優越感を得たいと望んでいる。だから、いじめをするのだ。自分の不満を吐き出すために誰かを犠牲にせずにはいられない、可哀想な人たちだ。

そうはいってもあなたとしては、加害者のストレスのはけ口にされるなんて、たまったものではない。できれば、「これはいじめだ」と気づいた段階で、先生と親に報告しよう。あなたは悪くないのだから、堂々としていればいい。ネットいじめにしろ、実生活でのいじめにしろ同じだ。自分がいじめに遭っているのを知られることは、恥ずかしいだろうか。いじめを受けることを恥ずかしく思う必要はない。相手の辛さを思いやれずにいじめをすることこそが、人間として未熟で、恥ずかしいことなのだ。先生や親に告げれば「チクッたな」と報復されるのが心配だろうか。報復されたら、それをまた信頼できる大人に知らせればいい。大人には知恵があるから、何とかしてくれるはずだ。

特に、親など最も近くにいる大人は、いつでも子どもの力になりたいと思っている。あなたは身近な大人に心配をかけたくなくて黙っているのかもしれないが、その人はあなたに作り笑いをされるよりも、悩みを打ち明けてもらう方がずっと嬉しい。守ってやりたいから。

どうしてもまだ先生や親にはいいたくないというときは、電話相談を利用してみよう。名前をいう必要はなく、秘密厳守であなたの話を聞いてくれる。この本の最後に電話番号を載せておく。また、こんなときこそ匿名で使えるインターネットが役に立つ。いじめられている人のための相談掲示板が色々ある。あなたと同じような体験をした人から、アドバイスがもらえるかもしれない。そうやって、自分の悩みを言葉にして外に出して、誰かと共有しよう。一人で抱え込んでしまうと、心と体がそのうち悲鳴を上げる。

いじめを受けていると、学校生活は針のむしろに座っているようなものだろう。これを逃れる方法は二つある。ひとつは、ひたすら耐えること。冗談じゃない、と思うかもしれないが、日本人の平均寿命は約八〇年。いじめに苦しむのは、長い人生の中のわずかな期間だ。加害者はいずれ、あなたをいじめるのに飽きる。そうでなくとも、学校を卒業すればおさらばすることができる。いじめられる立場になったことで、あなたは「心の痛み」を知った。自分がどのような言動を取れば、相手をどんな風に傷付けてしまうのか、想像できるようになっただろう。辛い思いをした者は、そのぶん他人に優しくできる。このいじめは、あなたがより心の豊かな人間に成長するためのトレーニングなのだ。

トレーニングに耐え抜いた経験は、これからあなたが先の長い人生で多くの人に出会い、仕事をし、家庭を作る中で必ず役に立つ。だからいまは息を潜めて、嵐が過ぎ去るのを待とう。

だが、いじめの内容がちょっとやそっとの我慢でやり過ごせるものではなく、とにかく加害者にはもう会いたくないと、あなたは思っているかもしれない。度を過ぎたいじめの被害は、あなたの心身に長期的な影響を及ぼし、今後の人生をも狂わせてしまう。この場合は、速やかに避難した方がいい。つまり、学校へ行くのを止めるのだ。

学校を安全な場所にするのは先生たちの責任で、加害者にいじめを止めさせるのはその親の責任だ。いじめる人の心の病が治るまで、あなたは学校へ行く必要はない。勉強は自宅での通信教育や家庭教師、不登校者向けのフリースクールなど、様々な形でできる。親は心配するだろうが、学校へ行っていじめられ続ける方が、よほど勉強に集中できない。

そして、いじめられた悔しさを勉強にぶつけよう。自分に自信を付けるためと、地元から脱出するためだ。日本の社会は何だかんだいっても、成績が良い者に有利な仕組みになっている。レベルが高い学校へ進んで、いじめた人を見返すのだ。遠方の学校を選べば、加害者から逃れることもできる。進学が経済的に苦しい場合でも、成績が良ければ奨学金が出る。

注意しておくが、「死にたい」と思うぐらい辛くても、自ら命を絶つのは避けること。そんなことをしたら加害者の思うツボだ。いじめる人は、相手をコントロールすることに快感を味わう。自分の影響力がどれだけ強いかを、確かめたがっている。もし相手が自分のいじめのために死んでくれたら、それこそ最高の影響ではないか。

「加害者の名前を遺書に書いて自殺したら、懲らしめてやれるかもしれない。反省してくれるかもしれない」

と、あなたは淡い期待を抱くだろうか。だが、いじめ自殺事件の多くで、加害者に反省の態度は見られない。前出の森啓祐さんが自殺したとき、加害少年たちは「あいつ死んで、せいせいした」と口にし、笑いながら棺の中を覗き込んだ。さらに啓祐さんの自殺後も、他の生徒にいじめを繰り返したという。古賀洵作さんをいじめ自殺に追い込んだ加害少年たちのほとんどは、事件直後に遺族へ謝罪することはなく、線香一本上げにもこなかった。少年院を半年で出た後は、夜の街をバイクで暴走していた。いじめ自殺事件の裁判は全国で起きているが、加害者側の大半はいじめの事実を否定し、謝罪を拒み、遺族側と争う。

あなたが自ら命を絶てば、いじめる人を喜ばせるだけだ。代わりに、家族や親戚、友人など、あなたの大切な人たちを一生悲しませることになる。その選択は、得策ではない。

いじめている人へ

誰かをいじめているあなた。「いじめはいけません」と学校で散々習っただろうから、自分がやっていることは悪いことだと、頭ではわかっているはずだ。それでもいじめてしまうのは、なぜなのだろうか。

「あいつはウザいから」「キモいから」、いじめてもいいんだと思うかもしれない。だがそれは、あなたの主観による勝手な判断だ。その人の親は、その人のことをウザいなんて思っていない。赤ん坊の頃から大切に育ててきた、「愛しい」存在だ。

その人は、あなたにウザいと思われるためにそういう言動を取っているわけではない。「ウザい」と思い込むことで、あなたは自分のいじめ行為を正当化したいのだろう。だが、どんな外見や性格も、その人の個性に過ぎない。だから、いじめる理由にはならないのだ。そもそも人間には誰にも、他人をいじめる権利がない。

例えば誰かの性格のある部分を、あなたは「嫌だ」と思うとする。もしその性格が、将来犯罪行為につながりかねないような問題のあるものだったら、先生や親が指導するだろう。あなたがでしゃばる必要はない。もし、その性格のせいでその人とはどうしても仲良くできないというのなら、口頭で柔らかく注意してみよう。でも、性格を変えるかどうかは、あくまでその人が決めることだ。あなたの思い通りにその人が変わってくれなかったからといって、仲間外れにしたりネットに悪口を書き込んだりしてはいけない。「注意」と「制裁」は別ものだ。制裁は「いじめ」であり、あなたにそんなことをする権利はない。

人間は一人一人違って当たり前。自分とは違うその人を認め、その人にもあなたを認めてもらおう。

いじめ行為は、あなたにどんな感情をもたらすだろうか。

人が苦しむのを見ると面白い？ 気分がスカッとする？

そんなふうに思うのであれば、あなたの心は、何らかの不満を抱えている。あなたは、いじめをすることによって相手よりも自分が上だと優越感に浸ったり、ストレスを発散したりしている。裏返せば、それだけ自分に自信がなく、ストレスを溜めているということだ。

そのストレスの原因は何だろう。自分の心に問いかけてみて欲しい。親などの身近な大人に愛されている実感はあるだろうか。「いい子」でいることに疲れていないか。誰かに嫌な目に遭わされていないか。

そう、いじめをしてしまうあなたも、実は被害者なのである。ストレスに押しつぶされそうになっている現在の環境から抜け出す方法を、ここで考えよう。

まず、あなたがいくら辛くても、他人をいじめていいわけはない。そのいじめ行為が一時的なものであったとしても、相手の心に一生にわたる傷を残す可能性がある。いじめを受けている人は勉強が手に付かなくなり、成績が落ちる。食欲がわかない、眠れない、うつ状態になる、といった症状に苦しむ。ひどいときは不登校になったり、転校をしたりせざるを得なくなる。最悪の場合は命を絶つかもしれない。

あなたがいじめを止めても、その人は簡単には回復しない。一時期受けたいじめのせいで対人恐怖や人間不信に陥り、就職してもうまく人間関係を築けず、引きこもりになってしまうこともある。あなたが軽い冗談のつもりでやったいじめが、その人の人生を狂わせるかもしれないのだ。あなたに責任が取れるのだろうか。

さらに最近は、過去にいじめられた経験を持つ少年が、無差別殺人などに手を染めるケースも発生している。いじめられた恨みは、それほど深いのだ。

あなたの辛さは、あなた自身と、その原因を作った人、身近な大人とで解決していく必要がある。全く関係ない他人を巻き込んで、ムシャクシャする気持ちのはけ口にしてはならない。

そして、周りに信頼できる大人がいるか見渡してみよう。あなたは親とうまくいっておらず、「親は自分のことをわかってくれない」と悩んでいるかもしれない。そんなときは、思い切って親にその思いをぶつけてみる。口に出していってみる。親だって、あなたが何を考えているのかよくわからなくて、上手に接することができずにいるのかもしれないのだ。それでも改善されないのなら、先生や身近な大人に相談してみよう。大人たちの話し合いで解決する問題もあるし、状況次第では、専門機関の手も借りるかもしれない。

親以外の人から嫌な目に遭ったときは、できるだけ親に伝えよう。遠慮することはない。親はいつだって、あなたに何でも打ち明けて欲しいと思っている。

親にいう心の準備がまだ整っていないのであれば、前項「いじめられている人へ」で紹介したように、電話相談やネットで気持ちを吐き出してみるといい。誰にもいえない悩みでも、例えばブログなどに書くことで、心の中が整理される。相談にのってくれる人も現れるかもしれない。

いじめ行為の重さに気づいたら、もう自分を責めるのはよそう。誰かを傷付けたい、という心があなたに育ったのは、あなたに辛い思いをさせた大人の責任だ。いじめっ子というレッテルを貼られた者を大人はただ叱り付けるだけで、その悩みに気づこうとしない。だからこそ、声を上げよう。いじめをしてしまう自分の心の奥にある淋しさや苦しさを、誰かに伝えよう。

新たに誰かをいじめる前に、あなたは、救済されねばならない。

おわりに

ネットいじめの被害に遭った中高生を取材し、「いまの子どもたちは大変だな」とつくづく思った。自分がこの時期に子ども時代を過ごさなくて良かった、とすら。

それぐらい、現代のネット社会を生きる子どもたちは疲弊している。ただでさえ学校で対面の人間関係に気を使うのに、家に帰ってからも友だちのメールに夜遅くまで付き合わねばならない。返信を遅らせれば、翌日から仲間はずれにされる。一度いじめのターゲットになったが最後、更衣室やトイレで盗撮されたり、学校裏サイトで悪口を実名と共にさらされたりする恐怖に怯えなければならない。

だが、

「時代の流れからして、携帯は私たちには必要なモノなんだよね」

と中学二年生のサトミが自覚するように、子どもの日常生活自体が、いまやネットや携帯電話なしではスムーズに立ち行かなくなってしまった。携帯を持たない子どもが、塾で帰りが夜遅くなることを家に連絡しようと思っても、街角に公衆電話はほとんど見当たらない。携帯の普及で公衆電話は収益が悪化し、事業者が次々と撤去しているためだ。ファストフード店やカラオケ店は、ネットや携帯サイト限定のクーポンを乱発し、子ども心をくすぐる。利益優先で発達するネット社会に、子どもは否応なく巻き込まれたのだ。

子どもの世界に、いじめは昔からあった。しかし本書で述べたように、ネットと携帯の登場でいじめの実行はより容易になり、罪悪感はより薄くなった。あの携帯の小さなスクリーンに打ち込む情報が、全世界に向けて発信されているとは、感覚としてつかみにくいだろう。

ネットいじめの大半が携帯を通して行なわれることを鑑みれば、子どもに携帯を与えて本当にいいものかどうか、親としてよく考える必要がある。安全のために持たせたいのであれば、通話とメール機能で十分だ。判断能力が育っていない小・中学生のうちは、ネットへの接続機能は必要ない。メール機能にしても、誹謗中傷やチェーンメールが届かないように、送受信先を家族に限定することができる。ネットを使わせる場合はフィルタリングサービスも活用する。携帯電話会社の案内をよく読み込めば、子ども向けのサービスは意外に色々あることがわかるはずだ。

こうした規制と並行して、ネット・リテラシーを身に付けさせることが重要だ。ネットの危険な側面や個人情報の保護など、親が教えられることはたくさんある。子どもをネットいじめから守るには、親の知識と知恵が問われる。

しかし、これらはあくまで対処療法に過ぎない。ネットいじめは、いじめの「手段」として携帯やネットが使われるというだけの話だ。誰かに嫌がらせをしたい子どもは、ネットを取り上げられても、すぐにまた別の手段でいじめを繰り返すだろう。ネットいじめを根本的に解決するために必要なのは、他人を思いやる「心の教育」と、被害者がいじめをいいやすい環境を作る「大人の意識改革」、そして「加害者ケア」である。

何より、大人自身が子どもの手本とならねばならない。二〇〇八年四月、群馬県前橋市でチューリップが大量に切断された事件の防犯カメラ映像で、傘でチューリップをなぎ倒す背広姿の男の姿に、あ然とした方も多いのではないだろうか。政治家や企業のトップは、しょっちゅう不祥事で頭を下げる。痴漢や子どもへの性犯罪も後を絶たない。さらに、「いじめ」が大人の職場や近所付き合いにも蔓延するのは、どういうわけだろうか。

大人の倫理観が低下している中で、子どもにあれこれと偉そうな口をきいても、到底説得力はない。組織のしがらみや経済的な利害関係がないぶん、子どもの目は本質を見抜く。もしかすると大人の方こそ、心の再教育を受けるべきかもしれない。

子どもの問題に対応するには、まず大人自身が子どもの心を汲み取り、子どもにとって信頼できる存在となることだ。本書がその一助となれば幸いである。もっとも、子どもの心を理解する一番の近道は、自分が子どもの頃の心理状態を思い返すことなのだが。
最後に、取材に御協力頂いた中高生、御遺族、教師の方々、そして本書の企画を熱い目で提案して下さったミネルヴァ書房編集部の磯脇洋平さんへ。この本が完成したのは皆さまのお陰です。ありがとうございました。

二〇〇八年六月

渡辺　真由子

主要参考文献

宇都宮直子『絶望するには早すぎる』筑摩書房、二〇〇二年
尾木直樹『ウェブ汚染社会』講談社、二〇〇七年
尾木直樹『子どもの危機をどう見るか』岩波書店、二〇〇〇年
岡崎勝・保坂展人編『佐世保事件からわたしたちが考えたこと』ジャパンマシニスト社、二〇〇五年
瀬沼文彰『キャラ論』Studio Cello、二〇〇七年
渡辺真由子『オトナのメディア・リテラシー』リベルタ出版、二〇〇七年

相談連絡先一覧

ネットいじめ被害相談

○インターネットホットライン連絡協議会

http : //www.iajapan.org/hotline/consult/board/board.html

問い合わせフォーム：

http : //www.iajapan.org/hotline/consult/hotline.html

FAX : 03–3500–3354

誹謗中傷トラブルに関して、削除依頼などの対策方法を紹介。問い合わせはフォームもしくはFAXにて。

○警察サイバー犯罪相談窓口

TEL : 03–3431–8109（警視庁）

http : //www.npa.go.jp/cyber/soudan.htm

都道府県別の相談電話番号は上記ホームページに掲載。

○社団法人テレコムサービス協会

TEL : 03–5644–7500

http : //www.telesa.or.jp/guideline/kaisethu/procedure.htm

発信者情報開示手続きの対応手順を案内。手続き依頼書の書式も掲載。

○法務省人権擁護局

TEL : 03–5689–0518（東京）

全国の相談電話番号一覧：

http : //www.moj.go.jp/JINKEN/jinken20.html

インターネット相談：

http : //www.moj.go.jp/JINKEN/jinken113.html

ネット相談窓口は子ども向けと大人向けに分かれる。携帯電話から接続するためのQRコードも掲載。

○迷惑メール相談センター

TEL : 03–5974–0068

http : //www.dekyo.or.jp/soudan/chain/tensou.html

チェーンメールの転送を受け付ける。携帯電話から接続するためのQRコードも掲載。

子ども用相談（いじめ全般）

○@いじめ

http : //ijime.playzm.net

子どもと大人向けのいじめ対策や相談掲示板がある。いじめていた人の体験談も掲載。

○いじめ相談ダイヤル

TEL : 0570–0–78310

全国共通、24時間。最寄りの教育委員会の相談機関に接続。

○いじめと戦おう！

http : //ijimetotatakau.upper.jp/index.html

いじめ相談掲示板を設置。いじめの心理的な構図も解説。

○いじめ撲滅ネットワーク

http : //www3.ezbbs.net/31/i–network/

子ども向けと大人向けのいじめ相談掲示板。いじめ対策も紹介。

○いのちの電話

TEL : 03–3264–4343、FAX : 03–3264–8899（東京）

全国の相談電話番号一覧：

http : //www.find–j.jp/zenkoku.html

インターネット相談：

https : //www.inochinodenwa–net.jp/asp/03_00.asp

地域によっては24時間。死んでしまいたいと思う悩みに対応。

○チャイルドライン

TEL : 03–3412–4747（東京）

全国の相談電話番号一覧：

http : //www.childline.or.jp/childline/

子ども専用。「どんな話にも耳を傾ける」とのこと。

○法務省子どもの人権110番

TEL : 0120–007–110

http : //www.moj.go.jp/JINKEN/jinken112.html

いじめや体罰、不登校、親の虐待などの相談に対応。全国共通、無料、平日午前 8 時30分～午後 5 時15分。IP電話用の番号は上記ホームページに掲載。

《著者紹介》

渡辺 真由子（わたなべ・まゆこ）

現　在　メディアジャーナリスト、
　　　　慶應義塾大学メディア・コミュニケーション
　　　　研究所非常勤講師

主　著　『オトナのメディア・リテラシー』リベルタ
　　　　出版、2007年

元テレビ局報道記者。いじめ自殺と少年法改正に迫ったドキュメンタリー「少年調書」で2000年、日本民間放送連盟賞最優秀賞、放送文化基金優秀賞受賞。

退社後、カナダのサイモンフレイザー大学メディア分析所でメディア・リテラシーを研究。現在、メディアの性・暴力表現が犯罪やジェンダー意識の形成に与える影響や、ニュースの読み解き方について、コメンテーターや講演を務める。「メディアと賢く付き合う方法」を手ほどきし、最先端のメディア・リテラシー教育をわかりやすく解説。

大人が知らない　ネットいじめの真実

2008年７月25日　初版第１刷発行　〈検印省略〉
2010年６月25日　初版第３刷発行

定価はカバーに
表示しています

著　　者　渡　辺　真　由　子
発 行 者　杉　田　啓　三
印 刷 者　藤　森　英　夫

発行所　株式会社　ミネルヴァ書房
607-8494　京都市山科区日ノ岡堤谷町１
代表電話（075）581-5191／振替口座01020-0-8076

亜細亜印刷・清水製本

ISBN978-4-623-05226-4

Printed in Japan